新时代智库出版的领跑者

智库中社 国家智库报告 2022(28) National Think Tank

经 济

中国县域经济发展报告(2021):
趋势与差异

吕风勇 著

ANALYSIS AND EVALUATION ON THE ECONOMIC
DEVELOPMENT OF COUNTY IN CHINA(2021):
TRENDS AND DIFFERENCES

中国社会科学出版社

图书在版编目(CIP)数据

中国县域经济发展报告.2021：趋势与差异／吕风勇著.—北京：中国社会科学出版社，2022.10
（国家智库报告）
ISBN 978-7-5227-0885-0

Ⅰ.①中… Ⅱ.①吕… Ⅲ.①县级经济—区域经济发展—研究报告—中国-2021 Ⅳ.①F127

中国版本图书馆 CIP 数据核字(2022)第 178933 号

出 版 人	赵剑英
责任编辑	黄 晗
责任校对	杨 林
责任印制	李寡寡

出 版	中国社会科学出版社
社 址	北京鼓楼西大街甲 158 号
邮 编	100720
网 址	http://www.csspw.cn
发 行 部	010-84083685
门 市 部	010-84029450
经 销	新华书店及其他书店

印刷装订	北京君升印刷有限公司
版 次	2022 年 10 月第 1 版
印 次	2022 年 10 月第 1 次印刷

开 本	787×1092 1/16
印 张	12.75
插 页	2
字 数	150 千字
定 价	68.00 元

凡购买中国社会科学出版社图书，如有质量问题请与本社营销中心联系调换
电话：010-84083683
版权所有　侵权必究

摘要： 本书是中国社会科学院财经战略研究院县域经济课题组的第七部年度研究报告，专注于对中国县域经济竞争力评价、发展模式探索和动态跟踪监测，探讨影响中国县域经济发展的主要矛盾和问题，并在此基础上对中国县域经济趋势进行分析，提出具有操作性的政策建议。

报告根据GDP规模、地方公共财政收入和区域竞争地位等因素，在全国县（市）中筛选出400样本县（市），然后对其竞争力进行系统评价。这些样本县（市）将作为本报告长期跟踪监测的主要研究对象。

研究发现，2020年县域经济增速回落幅度进一步增大。受个别省份疫情影响，中部地区样本县（市）经济剧烈调整，而东部地区样本县（市）经济运行相对平稳，并且总体经济增速跃居四大地区之首。根据评价结果，长三角地区县（市）经济竞争力最强，百强县（市）江苏数量重居第一位。

报告对县域经济差异与发展趋势进行了专题研究。研究结果表明，从经济规模来看，县域总体差异和区域内差异有所缩小，但是区域间差异略有增加；同时，随着全国财政转移力度的加大，尽管县域公共财政收入差异略有上升，但是公共财政支出差异仍呈现下降趋势。

报告还将龙口市、双流区和迁安市作为典型案例，对其成功发展经验进行了重点研究。

关键词： 经济形势　监测评价　县域差异　典型案例

Abstract: This book is the seventh annual research report by the County Economic Research Group of National Academy of Economic Strategy, CASS. It focuses on the evaluation of China's county economic competitiveness. In some chapters, much effort has also been made in exploring the economic development mode. The development tracking and monitoring is also an important task in order to discern the main contradictions and problems that have a significant impact on county economy. Based on the above research, the economic trends of China's county are analyzed and then some operational policy recommendations are put forward.

400 counties are selected as research samples from among all counties across the country according to GDP scale, local public revenue and regional competitive status. These samples should serve as the main research objects against which the long – term tracking and monitoring of county economy will be executed in this report.

In 2020, The aggregate growth rate of county economies dropped more significantly than last year. As individual provinces are affected by the COVID – 19, the economies of counties in the central region have undergone drastic adjustment, while those in the eastern region have seen a relatively stable economic development with the overall economic growth rate ranking first in the four regions. According to the evaluation results, the economic competitiveness of counties in the Yangtze River Delta is the strongest, and Jiangsu Province has the largest number of top 100 counties.

The report has made a special study on the differences between county economies and their development trends. The results show that in terms of county economic scale, the overall differences and intra regional differences have narrowed, but the inter regional differences have increased slightly; At the same time, with the increase of national fiscal transfer, although the differences of county public fiscal revenue increased slightly, the differences of public fiscal expenditure still showed a downward trend.

The report also takes Longkou, Shuangliu and Qian'an as exemplary cases to study for their successful development experiences.

Key Words: Economic Situation; Monitoring and Evaluation; County Differences; Development Model

前　言

进入新发展阶段，县域经济在经济社会生活中承担着越来越重要的功能。中共中央办公厅、国务院办公厅印发的《关于推进以县城为重要载体的城镇化建设的意见》明确提出在新发展阶段将以县城建设为重点，加快县域城镇化进程，提高县域城镇化质量，对县域经济发展水平提出了更高要求。与此同时，"立足新发展阶段，完整、准确、全面贯彻新发展理念，构建新发展格局，推动高质量发展"，是党中央在新的历史时期所做出的重大战略判断和战略抉择，也要求县域经济实现更高质量更有效益的发展。而要推动县域经济更高质量更高水平的发展，就必须提升县域经济竞争力。这表明县域经济发展及其竞争力提升在新阶段具有特殊重要性。

《中国县域经济发展报告》立足于对中国县域经济的长期跟踪研究。报告从2015年起，就在中国近2000个县（市）中筛选出400个具有代表性的样本，对其经济、社会和生态等方面进行跟踪监测，并通过构建竞争力指标体系，对其县域经济竞争力进行评价，为各地提升县域经济竞争力提供有益参考。

本年度专题报告主要聚焦于县域经济差异、城乡融合发展、县域工业发展等方面。中国县域数目众多，地理区位、资源禀赋和发展基础千差万别，但是共同富裕和区域协调要求县域经济发展避免差距持续扩大，对县域经济差异状况和变化趋势进行监测对于采取适当措施缩小县域经济差异是极为必要的。城乡融合发展也是乡村振兴和共同富裕的必由之路，而县域工业发展则是促进县域充分就业、促进本地城镇化的根本途径，对这些问题进行深入研究都具有重要的现实意义。

报告还对龙口市、迁安市和双流区典型案例的成功经验进行了深入分析。龙口市在通过宜居宜游促进乡村振兴、美丽乡村再升级方面取得了较大成就；迁安市则主要以科技创新为引领，促进了城市的高质量转型；双流区在精准定位打造航空经济之都的同时，成功推动了居民的高质量共同富裕。这些典型案例的发展经验将对全国其他县域经济发挥积极示范作用。

目 录

第一篇 监测报告

第一章 中国县域经济发展形势分析 …………………（3）
　　一　经济规模与经济增长 …………………………（4）
　　二　社会消费 ………………………………………（10）
　　三　全社会固定资产投资 …………………………（14）
　　四　公共财政收入 …………………………………（17）
　　五　人均可支配收入 ………………………………（20）

第二章 中国县域经济竞争力报告 …………………（24）
　　一　中国县域经济竞争力指标的选取原则 ………（24）
　　二　中国县域经济竞争力指标体系的建立 ………（24）
　　三　中国县域经济竞争力指标体系权重的确定 …（26）
　　四　中国县域经济竞争力指标体系数据来源 ……（26）
　　五　县域经济综合竞争力百强县（市）分析 ……（27）
　　六　百强县（市）分项竞争力分析 ………………（31）

第二篇 专题报告

第三章 中国县域经济发展现状、问题和趋势 ……（53）

一 中国县域经济发展现状 …………………………… (53)
二 中国县域经济发展存在的问题 …………………… (57)
三 中国县域经济发展的未来趋势 …………………… (60)

第四章 中国县域经济差异现状、问题和趋势 ………… (62)
一 中国县域经济差异现状 …………………………… (62)
二 中国县域空间区域差异的测度 …………………… (67)
三 中国县域经济差异存在的问题 …………………… (73)
四 中国县域经济差异的变化趋势 …………………… (74)

第五章 中国县域城乡融合现状、问题和趋势 ………… (75)
一 中国县域城乡融合现状 …………………………… (75)
二 中国县域城乡融合发展的问题 …………………… (76)
三 中国县域城乡融合的趋势 ………………………… (78)
四 县域发展对城乡融合发展的重要作用 …………… (79)
五 县域消费对城乡融合发展的作用 ………………… (80)
六 促进县域城乡融合的政策举措 …………………… (83)

第六章 中国县域金融发展现状及影响因素 …………… (87)
一 县域金融发展的重要性 …………………………… (87)
二 县域金融发展水平与市辖区的比较 ……………… (88)
三 县域金融发展区间差异与市辖区的比较 ………… (92)
四 市辖区和县域金融发展差异的影响因素 ………… (94)
五 对缩小县区金融发展差异的思考 ………………… (96)

第七章 县域工业发展在乡村振兴中的作用 …………… (98)
一 "十四五"时期中国经济形势预判 ……………… (98)
二 新阶段中国区域经济发展形势 …………………… (100)
三 产业趋势转移下的县域工业 ……………………… (111)

四　县域工业集聚对促进乡村就业的重要性 …………（114）
五　县域工业弱势竞争地位的改善 ……………………（116）

第三篇　案例报告

第八章　龙口市：宜居宜游促振兴，美丽乡村再升级 ……（123）
一　龙口市推进美丽乡村建设的主要成就 ……………（123）
二　龙口市推进美丽乡村建设的机制保障 ……………（126）

第九章　双流区：打造航空经济之都，推动高质量
共同富裕 ………………………………………（128）
一　双流区"共同富裕"现状分析 ……………………（128）
二　双流区推进"共同富裕"的主要做法 ……………（129）
三　双流区推进"共同富裕"的深化举措 ……………（133）

第十章　迁安市：以科技创新为引领，实现城市高
质量转型 ………………………………………（135）
一　迁安市高质量转型取得的主要成就 ………………（135）
二　迁安市以创新引领高质量转型的经验做法 ………（140）

附录　400样本县（市）综合竞争力指标值 …………………（145）

参考文献 ………………………………………………………（188）

第一篇 监测报告

第一章　中国县域经济发展形势分析

县域经济是一个国家或地区的基本经济单元，县域经济体承担着县（市）全域的经济发展任务，也赋有全域的社会民生改善的责任，只有县域经济得到更好的发展，高质量的小康生活才能全面实现，迈向现代化的步伐才能更快更稳。因此，对县域经济进行深入跟踪研究，不仅可以了解更为生动活跃的区域发展态势，而且能够掌握更为丰富翔实的微观单元经济动态。本报告的样本包含以下部分：一是根据经济规模、地方公共财政收入、规模以上工业企业数和区域竞争地位四项因素，在全国近2000个县域经济单元中遴选出400强样本县（市），作为分析研究比较的基础；二是将全国设区市的新城区作为研究对象，并主要对全国新城区100强进行深入分析。

本章的研究就是基于400强样本县（市）的经济社会数据展开的。需要指出的是，由于行政区划或者经济社会形势的变化，上一年度报告中有9个县（市）不再作为本年度报告的研究样本，与此同时补充其他9个更接近筛选条件的县（市），作为新的研究样本。

2020年，新冠肺炎疫情对全球经济增长造成冲击，中国经济也出现剧烈向下调整态势，GDP实际增速由上年的6.1%下滑到2.3%，县域经济增速则出现更大幅度的回落。本章对县域经济总体发展状况进行分析，并以本年度400强样本县（市）的数据为分析基础。

一 经济规模与经济增长

(一) 经济规模急剧调整，昆山、江阴突破 4000 亿元

江苏平均经济规模遥遥领先，与福建、浙江差距有所扩大。2020 年，400 样本县（市）地区生产总值平均经济规模为 527.9 亿元，比上年提高 12.8 亿元。分地区来看，东部地区样本县（市）平均经济规模为 649.1 亿元，中部地区和西部地区样本县（市）平均经济规模分别为 450.5 亿元和 404.2 亿元，东北地区平均经济规模最小，只有 290.7 亿元。分省份来看，江苏样本县（市）平均经济规模最大，地区生产总值平均达到 1057.5 亿元，比排在第 2 位、第 3 位的福建和浙江分别高出 1.43 倍和 1.57 倍，差距有所扩大。由于受疫情冲击严重，湖北样本县（市）平均经济规模由 2019 年的第 8 位下滑至 2020 年的第 13 位，而贵州、重庆、湖南、江西、广东、山东、内蒙古、宁夏、辽宁和吉林样本县（市）平均经济规模在各省份样本县（市）的排名都有所上升，其中湖南样本县（市）平均经济规模超过陕西，排在第 5 位；贵州上升了 2 个位次，排在第 7 位。此外，2020 年 400 样本县（市）经济规模的变异系数为 0.81，比 2019 年的 0.79 有所增加，反映出样本县（市）内部经济规模差异仍然在扩大。图 1-1 描述了 2020 年分省份样本县（市）地区生产总值平均值的情况。

地区生产总值前十强依旧，昆山与江阴差距扩大，首位暂时无忧。2020 年地区生产总值前 10 位与上年相同，但是浏阳市超越义乌市，由上年的第 10 位升至第 9 位，其他县（市）地区生产总值规模位次维持不变。2020 年，昆山市、江阴市、张家港市、晋江市、常熟市、慈溪市、宜兴市、长沙县、浏阳市和义乌市地区生产总值排在前 10 位，分别为 4276.8 亿元、4113.8 亿元、2686.6 亿元、2616.1 亿元、2360.0 亿元、

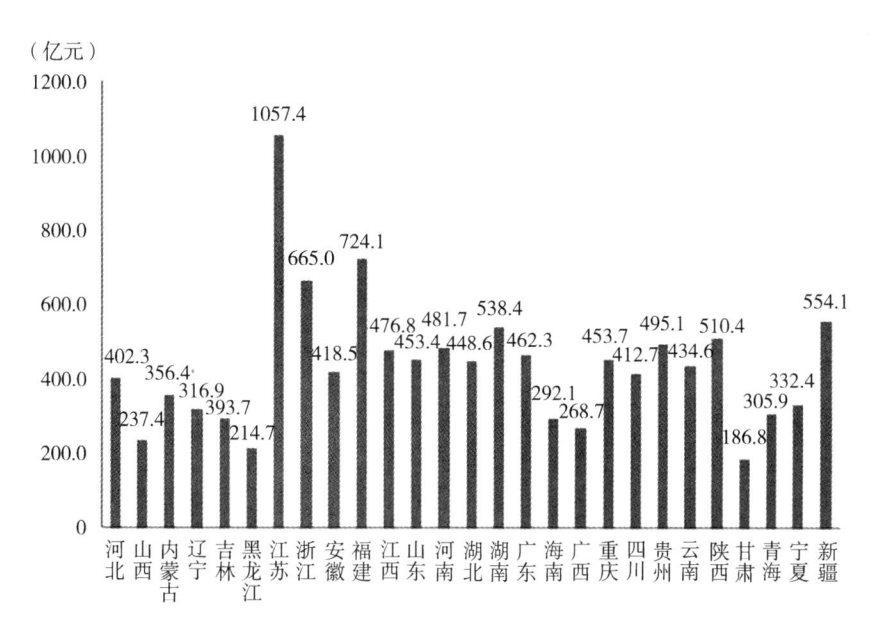

图1-1 分省份样本县（市）地区生产总值平均值情况

2008.3亿元、1832.2亿元、1808.3亿元、1493.0亿元和1485.6亿元。2020年，共有38个县（市）GDP超过1000亿元，比上年增加6个。新增加的6个县（市）分别是沭阳县、惠安县、迁安市、靖江市、桐乡市和邳州市。如东县GDP规模提升了5个位次，仁怀市、乐清市、胶州市和溧阳市GDP规模都提升了2个位次，另有5个县（市）GDP规模提升了1个位次。GDP规模超过1000亿元的县（市）依次是昆山市、江阴市、张家港市、晋江市、常熟市、慈溪市、宜兴市、长沙县、浏阳市、义乌市、太仓市、仁怀市、诸暨市、南安市、如皋市、神木市、乐清市、福清市、胶州市、启东市、海安市、余姚市、如东县、丹阳市、温岭市、泰兴市、宁乡市、龙口市、溧阳市、南昌县、瑞安市、海宁市、沭阳县、惠安县、迁安市、靖江市、桐乡市和邳州市，见图1-2。其中，江苏县（市）由2019年的13个增至2020年的16个，浙江由8个增至9个，福建由3个增至4个，湖南则维持3个，山东仍然只有2个，河北则由无到有增至1个，陕西、江西和贵州仍然各有1个。

(亿元)

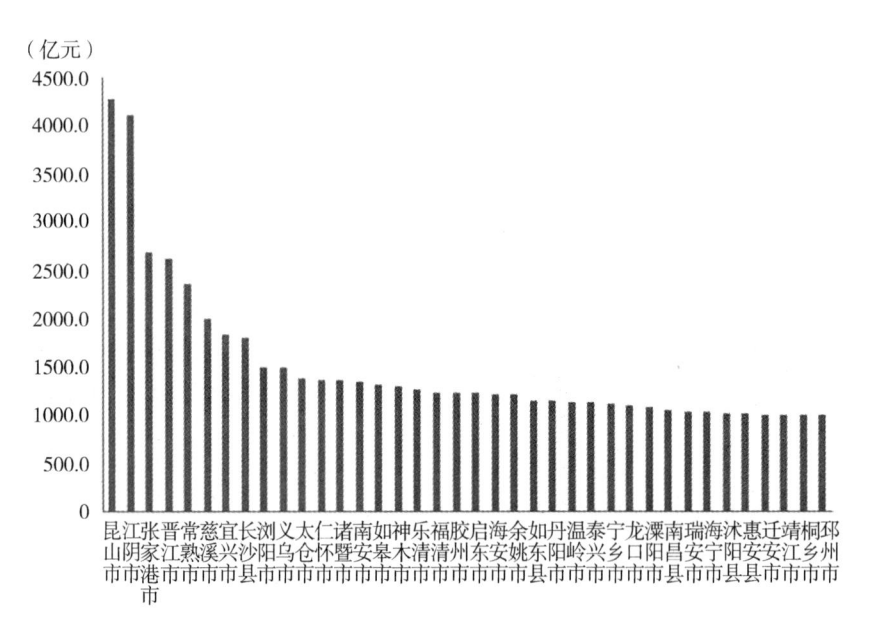

图 1-2 38个 GDP 规模 1000 亿元以上的样本县（市）

经济规模首位县（市）未有变化。表1-1描述了27个省份地区生产总值各自排在第1位的县（市）。其中，琼海市、格尔木市和玉门市都是本省份唯一入选的样本县（市）。黑龙江、海南和甘肃的首位县（市），GDP规模都不足300亿元，吉林和青海首位县（市）刚超过300亿元，表明这些省份县域经济发展很不充分。

表1-1　　各省（市、区）经济规模最大的样本县（市）　　单位：亿元

县（市）	所属地区	所属省份	GDP
迁安市	唐山市	河北	1006.9
孝义市	吕梁市	山西	322.0
准格尔旗	鄂尔多斯市	内蒙古	751.9
瓦房店市	大连市	辽宁	806.2
延吉市	延边州	吉林	314.6
五常市	哈尔滨市	黑龙江	284.0
西昌市	凉山州	四川	573.7
昆山市	苏州市	江苏	4276.8

续表

县（市）	所属地区	所属省份	GDP
慈溪市	宁波市	浙江	2008.3
肥西县	合肥市	安徽	870.2
晋江市	泉州市	福建	2616.1
南昌县	南昌市	江西	1048.0
胶州市	青岛市	山东	1225.9
禹州市	郑州市	河南	849.6
仙桃市	省直管	湖北	827.9
长沙县	长沙市	湖南	1808.3
高州市	茂名市	广东	633.6
桂平市	贵港市	广西	362.5
云阳县	重庆市	重庆	462.6
仁怀市	遵义市	贵州	1364.1
琼海市	省直辖	海南	292.1
安宁市	昆明市	云南	572.4
神木市	榆林市	陕西	1294.0
玉门市	酒泉市	甘肃	186.8
格尔木市	海西州	青海	305.9
灵武市	银川市	宁夏	533.2
库尔勒市	巴音郭楞州	新疆	680.0

（二）样本县（市）经济增速回落幅度小于全国，中部地区剧烈调整

县（市）经济增速总体显著回落，但幅度小于全国水平。2020年，400样本县（市）地区生产总值之和为21.11万亿元，实际同比增长2.80%，相比2019年400样本县（市）地区生产总值回落3.43个百分点[1]，相比同年全国经济增速3.80个百分

---

[1] 本报告以样本县（市）2020年GDP名义值为基数，根据其2020年、2019年GDP实际增速，倒算2019年、2018年可比价格GDP，再求和计算各年总体GDP实际增速。

点的回落幅度，样本县（市）经济增速回落幅度较小。这主要是因为服务业受疫情冲击的影响更大，2020年全国服务业增加值较上年仅增长2.1%，甚至低于工业增加值的2.8%，而相比大中城市，县域服务业比重较小，而工业比重较大，从而稳定性较强。

样本县（市）经济增速普遍显著下滑，湖北省和河南省样本县（市）降幅最剧。2020年400样本县（市）中只有47个经济增速高于上年，其余353个经济增速都低于上年，其中，36个县（市）降幅大于10个百分点。2019年400样本县（市）中地区生产总值实际增速不低于10.0%的县（市）有14个，2020年只有2个；实际增速不低于5.0%的县（市）也由2019年的311个降至2020年的63个。2019年实际增速低于0的县（市）只有18个，2020年增至51个，其中，有5个县（市）实际增速甚至低于-10%。在51个经济呈现负增长态势的县（市）中，主要受疫情影响，湖北26个样本县（市）皆包含其中，河南省和内蒙古自治区负增长县（市）也较多，各有5个样本县（市）出现负增长。河南省沁阳市、孟州市、民权县和武陟县经济增速下滑最为显著，都低于-10.%，此外，湖北省老河口市经济增速也低于-10.0%。

岱山县经济增速一骑绝尘，部分高增长县（市）经济增速明显下滑。400样本县（市）中经济增长最快的仍然是2019年排在首位的浙江省岱山县。该县地区生产总值继2019年实际增长22.7%后，2020年又实际增长58.1%。岱山县仍然保持经济高速增长主要是因为重大石化产业项目产能持续释放的拉动，该县2020年石化产业产值达到747.9亿元，带动第二产业增加值增速高达113.9%。内蒙古自治区锡林浩特市经济增速排在第2位，辽宁省盘山县经济增速则由上年的第2位降至第3位。截至2019年，曾经连续三年经济增速超过10%的7个样本县（市）中，2020年只有广西壮族自治区平果市经济增速超过

8.0%，仍然排在前10位，其他县（市）如界首市、宣威市、盘州市、文山市、仁怀市、邵东市等，无论增速还是其排名，都有显著的下滑。

东部地区县（市）经济发展相对平稳，中部地区县（市）剧烈调整。分地区看，2020年，东部地区、中部地区、西部地区和东北地区样本县（市）可比价格计算的地区生产总值规模分别为12.17万亿元、5.77万亿元、2.60万亿元和0.58万亿元，同比实际增速分别为3.65%、1.24%、2.60%和1.74%，分别比上年同期回落2.48个百分点、6.34个百分点、4.14个百分点和2.52个百分点。由于湖北等中部地区县（市）受新冠肺炎疫情冲击严重，中部地区样本县（市）地区生产总值实际增速回落幅度最大，当剔除湖北样本县（市）后，中部地区样本县（市）地区生产总值增速为3.05%，比上年同期回落4.40个百分点。东部地区样本县（市）地区生产总值实际增速则相对平稳，并且总体增速跃居四大区域之首。

三个省份样本县（市）经济负增长，甘肃、山西逆势提升。分省份看，甘肃、贵州和山西样本县（市）经济增速最高，甘肃和山西样本县（市）经济增速甚至超过2019年，贵州则大幅回落4个百分点。除了甘肃和山西，其他地区样本县（市）经济增速都有所回落。新疆、山东、海南、吉林、江苏、宁夏、辽宁、重庆、广西、广东和河北样本县（市）经济增速回落幅度都较小，不足3个百分点，而湖北、青海、内蒙古、河南、四川、湖南和贵州样本县（市）经济增速回落幅度都较大，都超过了4个百分点。其中，湖北、青海和内蒙古样本县（市）回落幅度最大，都超过了6个百分点，并且经济增速都降至负增长区间。图1-3描述了2020年和2019年分省份样本县（市）地区生产总值总额实际增长情况。

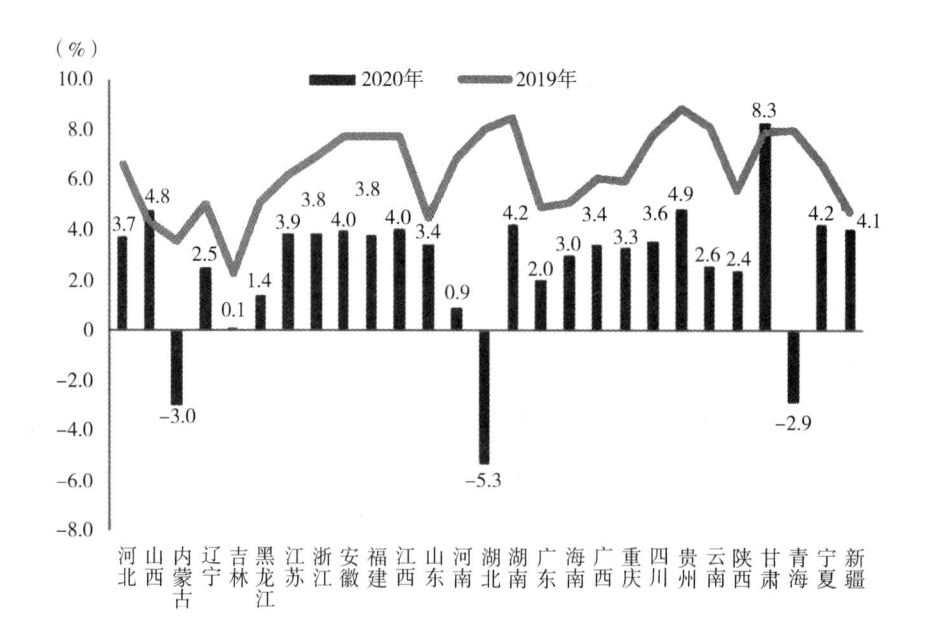

图 1-3　2020 年和 2019 年分省份样本县（市）地区生产总值总额实际增长情况

二　社会消费

（一）各省份消费总体增速全面回落，西南地区消费表现相对平稳

2020 年，主要受新冠肺炎疫情的严重冲击，400 样本县（市）社会消费品零售总额的总体增速为 -3.0%，虽然高于全国 -3.9% 的增速，但比上年社会消费品零售总额的总体增速仍然回落 11.9 个百分点，与全国社会消费品零售总额回落幅度也基本相同。其中，东部地区县（市）社会消费品零售总额总体增速为 -1.9%，比上年增速回落 9.7 个百分点；中部地区县（市）总体增速为 -5.2%，比上年大幅回落 16.5 个百分点；西部地区县（市）总体增速为 -2.0%，比上年回落 11.3 个百分点；东北地区县（市）总体增速为 -8.6%，比上年回落 13.5 个百分点。四大区域中，东部地区县（市）社会消费品零售总额增速最高,而且较上年降幅最少,中部地区县(市)总体增速虽然仍高于东北地区,但是降幅惊人。中部地区县(市)社会消费品零售总额大幅下降,很大程度上是由于中部地区县(市)在东部地区的大批务工人员,受疫情管控原因不能返乡,或者即使返乡,节假日消费也受到严格限制,同时受疫情冲击严重的湖北县(市)也属于中部地区。东北和西部地区县(市)也存在类似情况,只是消费受影响程度略小于中部地区县(市)。

分省份看,贵州样本县(市)社会消费品零售总额增速依然最高,达到5.2%,只比上年回落0.7个百分点;其次是安徽、江西和重庆,社会消费品零售总额增速分别为3.7%、3.4%和2.1%(见图1-4)。除以上四个省份外,其他省份样本县(市)社会消费品零售总额都出现不同程度的负增长,其中,湖北县(市)增速为-20.1%,比上年增速回落31.2个百分点;青海县(市)增速为-15.5%,比上年回落22.0个百分点;黑龙江、宁夏和吉林县(市)也都低于-10%,而黑龙江、宁夏、新疆和陕西较上年回落幅度都大于15个百分点。总体看,除了湖北外,社会消费品零售总额增速最小的都是东北地区和西北地区省份的样本县(市),而西南地区省份样本县(市)总体增速较高。

(二)社会消费品零售总额增速显著放缓,所占地区生产总值比重普遍下滑

2020年全国社会消费品零售总额占地区生产总值的总体比重明显下滑,由上年的41.5%降到38.58%。2020年400样本县(市)社会消费品零售总额占地区生产总值的比重为35.56%,仍然明显低于全国水平,但降幅低于全国0.9个百分点。其中,东部地区样本县(市)这一比重在四大区域中最高,达到36.81%;中部地区为35.96%;西部地区为29.42%;东北地区为32.7%。在四大区域中,东北地区样本县(市)社会消费品零售总额占地区生产总值的比重较上年降幅最大，达到4.14个百分点；西部地区降幅最小，为1.22个百分点；东部地区和中部地区分别下降2.02个百分点和2.37个百分点。

除青海外，各省份样本县（市）社会消费品零售总额增速都小于地区生产总值名义增速，社会消费品零售总额占地区生产总值的比重相应下滑。2020年，由于受新冠肺炎疫情影响，消费比生产更大幅度下滑，样本县（市）社会消费品零售总额占地区生产总值的比重普遍显著下降，只有重庆样本县（市）社会消费品零售总额占地区生产总值的比重超过50.0%，为56.3%，其他省份样本县（市）这一比重都低于50.0%。其中，广东、福建、安徽和浙江样本县（市）社会消费品零售总额占地区生产总值的比重都超过40.0%，而宁夏、陕西、甘肃、青海和内蒙古样本县（市）这一比重都低于20.0%，宁夏样本县（市）这一比重甚至只有8.8%。由于湖北、黑龙江、吉林、云南、广东和辽宁等省份样本县（市）社会消费品零售总额降速显著大于地区生产总值名义降速，社会消费品零售总额占地区生产总值的比重下降也最多，降幅都大于3.0个百分点；湖北样本县（市）这一比重降幅达到6.8个百分点，只有37.4%。青海样本县（市）这一比重则略上升0.7个百分点，也是唯一上升的地区，主要是青海样本县（市）名义地区生产总值比社会消费品零售总额更大幅度下降所致。图1-5描述了分省份样本县（市）社会消费品零售总额占GDP的比重情况。

福建样本县（市）人均社会消费品零售总额最高。2020年，福建样本县（市）人均社会消费品零售总额再次超过浙江，达41591元；浙江则为34817元，其次是江苏和重庆，也都超过了30000元；但广西样本县（市）只有9641元。2020年各省份样本县（市）人均社会消费品零售总额的变化，一方面取决于当年社会消费品零售总额增减变化，另一方面受第四次全国人口普查常住人口数据变化的影响。

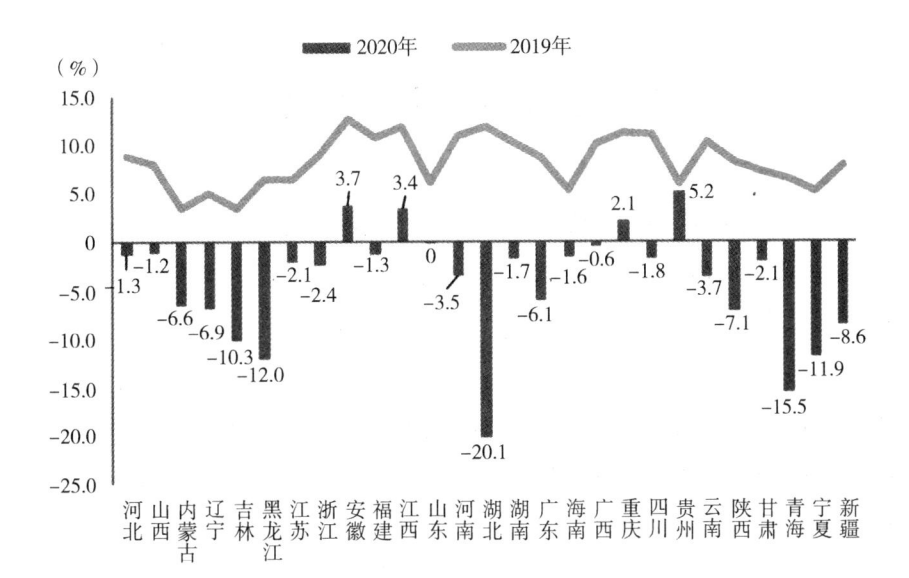

图 1-4 分省份样本县（市）社会消费品零售总额总体增速

注：总体增速指某省份当年样本县（市）社会消费品零售总额之和相对上年社会消费品零售总额之和的增速。

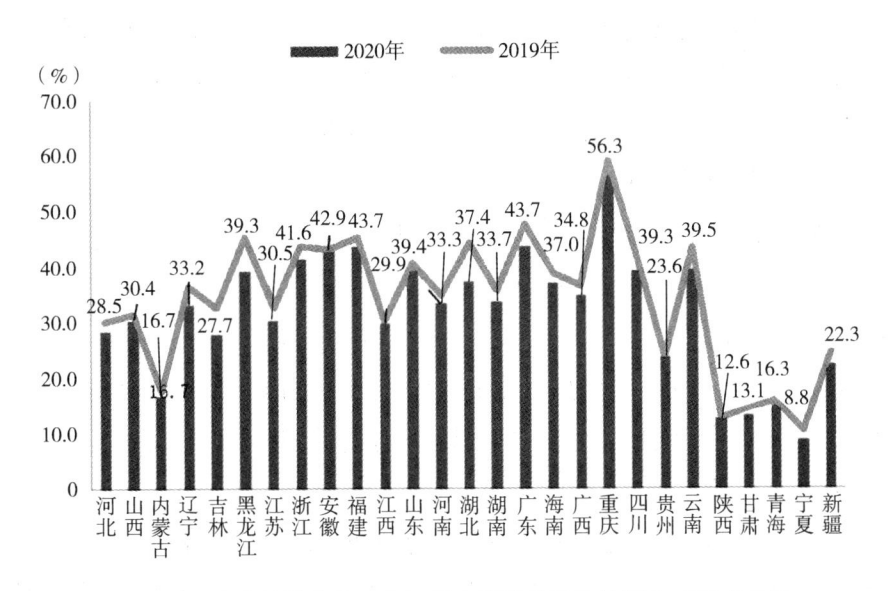

图 1-5 分省份样本县（市）社会消费品零售总额占 GDP 的比重

三 全社会固定资产投资

（一）投资增速升降不一，东北地区回升明显

2020年400样本县（市）全社会固定资产投资平均增速为3.3%，比2019年400样本县（市）5.9%的平均增速回落2.6个百分点，不过仍然高于全国2.7%的增速，平均增速回落幅度也略小于全国2.7个百分点的回落幅度。① 四大区域样本县（市）全社会固定资产投资变化相差巨大，东北地区样本县（市）全社会固定资产投资平均增速由上年的-1.4%提升至6.4%，提升幅度最大，东部地区也由2.4%提升至2.7%；相反，中部地区和西部地区样本县（市）全社会固定资产投资平均增速都出现下滑，分别由上年的10.5%、9.3%下滑至1.9%和6.5%。四大区域样本县（市）全社会固定资产投资平均增速变化情形各不相同，东北地区样本县（市）已是连续两年显著提升，中部地区则是连续两年出现回落，东部地区是在上年增速大幅回落的基础上有所提升，西部地区则是在上年增速大幅提升的基础上有所回落。

分省份看，新疆、黑龙江等省份样本县（市）全社会固定资产投资平均增速最高，分别达48.3%和21.1%，海南、重庆、四川和山西样本县（市）全社会固定资产投资平均增速也都超过了10.0%。青海、湖北、内蒙古、福建、陕西和吉林样本县（市）全社会固定资产投资平均增速都为负，其中吉林已是连续三年负增长。相比上年，宁夏、海南、山东和辽宁样本县（市）全社会固定资产投资平均增速都由负转正，新疆、吉林、黑龙江、贵州、重庆和四川等省份县（市）全社会固定资

---

① 由于大多数县（市）不再公布全社会固定资产投资总额，所以不能计算400样本县（市）的总和增速，而只能计算当年增速平均值。

产投资平均增速也都有所提升，其他17个省份则都有所下滑。其中宁夏、海南和新疆样本县（市）全社会固定资产投资平均增速提升幅度超过20.0个百分点，而青海、湖北、内蒙古、福建和陕西样本县（市）全社会固定资产投资平均增速回落幅度都超过10.0个百分点。图1-6描述了分省份样本县（市）全社会固定资产投资平均增速情况。

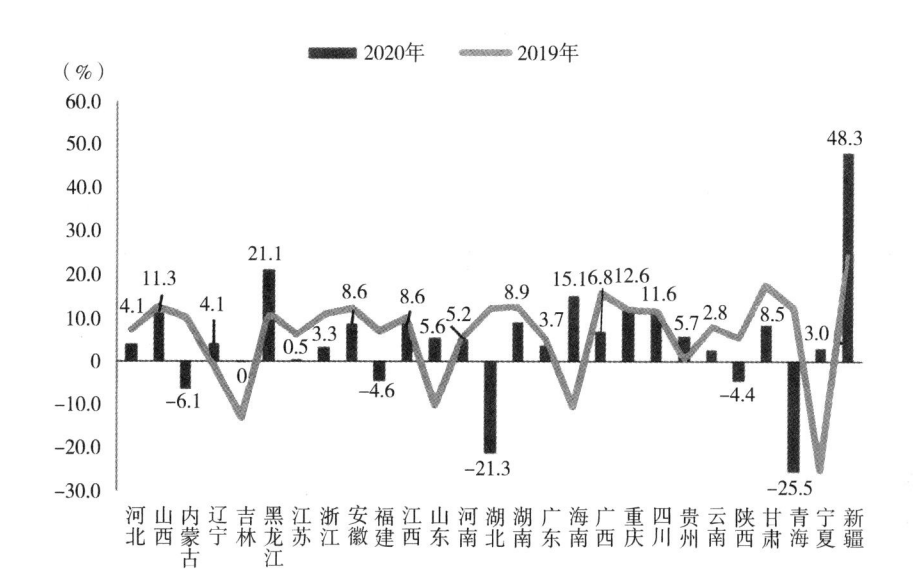

图1-6 分省份样本县（市）全社会固定资产投资平均增速
注：平均增速指当年某省份样本县（市）全社会固定资产投资增速的平均值。

（二）更多县（市）投资负增长，新疆县（市）大幅回升

2020年全社会固定资产投资完成额增长最快的样本县（市）是昌吉市、库尔勒市、庄河市、山阴县、石河子市和莱西市，增速都超过了30.0%。其中，昌吉市、库尔勒市和石河子市全社会固定资产投资增速都是在2018年大幅负增长基础上连续两年显著回升，庄河市则是在2019年大幅度负增长基础上显著回升。这表明，部分县（市）全社会固定投资增速较高仍然具有一定反弹特征。不过，山阴县全社会固定资产投资增速已

连续三年超过20.0%,即使是昌吉市、库尔勒市和石河子市,其全社会固定资产投资增速回升也十分强劲,则一定程度上表明更多县(市)已经摆脱全社会固定资产投资下滑的趋势。400样本县(市)中共有40个县(市)全社会固定资产投资增速连续三年维持在10.0%以上,山阴县、楚雄市、罗源县三年全社会固定资产投资增速最高,平均都超过20.0%。

文山市、公主岭市、盱眙县和霍林郭勒市全社会固定资产投资增速最低,都下滑至-50.0%以下,而灵武市、淳安县、瓦房店市和盖州市全社会固定资产投资至少连续三年都落入负增长区间。2020年共有82个样本县(市)投资呈现负增长,而上年共有67个样本县(市)投资出现负增长。图1-7描述了样本县(市)全社会固定资产投资完成额增速分布区间情况。

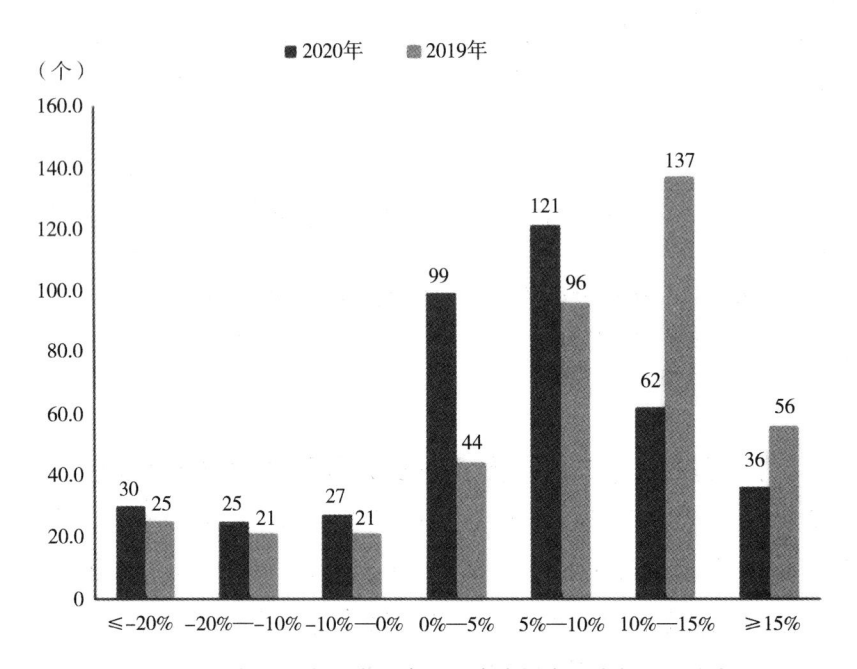

图1-7 样本县(市)全社会固定资产投资完成额增速分布区间

四 公共财政收入

(一) 公共财政收入增速总体回落，但负增长省份数量减少

2020年，全国公共财政收入182895亿元，同比下降3.9%，比上年回落7.8个百分点，而400样本县（市）公共财政收入总体增速为1.4%，只回落1.8个百分点。这主要是由于大中城市服务业受疫情冲击严重，导致财政收入增长大幅放缓甚至负增长，而400样本县（市）工业相对发达，所受疫情冲击较轻，财政收入增速回落幅度较小。分地区来看，东部地区样本县（市）地方公共财政收入总体增速为2.8%，比上年提升0.4个百分点；中部地区样本县（市）地方公共财政收入总体增速为-3.0%，比上年回落9.8个百分点；西部地区和东北地区样本县（市）地方公共财政收入总体增速分别为1.7%和6.7%，分别比上年提升0.1个百分点和6.6个百分点。总体看，四大区域中，东北地区样本县（市）地方公共财政收入总体增速不仅最高，而且提升幅度也最大。中部地区样本县（市）地方公共财政收入总体增速为负，并且回落幅度也最大。中部地区如果剔除湖北样本县（市），样本县（市）地方公共财政收入总体增速升至2.8%，高于东部地区和西部地区，但是回落幅度为4.9个百分点，向下调整幅度仍然最大。

吉林样本县（市）地方公共财政收入总体增速最高，达11.2%，其后是黑龙江、四川、海南、宁夏、青海和辽宁等省份，地方公共财政收入平均增速也都超过了5.0%。浙江样本县（市）地方公共财政收入增速由高转低，开始全面低于福建、江苏、广东和山东，总体增速只有2.2%。2020年，尽管400样本县（市）地方公共财政总体增速低于上年，但是27个省份中只有6个省份样本县（市）呈现负增长，而上年有8个省份。湖北样本县（市）地方公共财政收入平均增速最低，为-32.4%，而陕西和甘肃则是连续两年负增长。福建和江苏样本县（市）地方公共财政收入总体增速都较上年有所提升，而山东则由负转为正。宁夏、海南、吉林、新疆、青海、辽宁、黑龙江、山东、江苏、贵州、福建和四川等省份样本县（市）地方公共财政收入总体增速也较上年有所提升，其余15个省份增速则有所回落。图1-8描述了分省份样本县（市）公共财政收入总体增速情况。

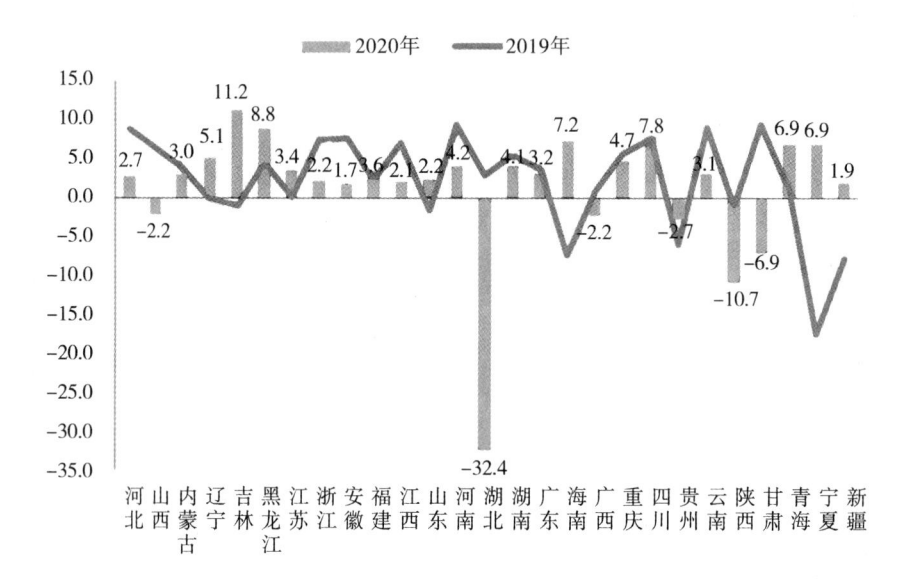

图1-8 分省份样本县（市）公共财政收入总体增速

2020年，地方公共财政收入增长最快的县（市）是农安县，达51.2%；其次是舒城县、霍林郭勒市、漳浦县、平江县、盘山县、射洪市、锡林浩特市和平潭县，增速都超过20.0%。不过，2019年地方公共财政收入增速超过20.0%的有13个县（市），远远超过2020年的9个。400样本县（市）中共有17个地方公共财政收入增速低于-30.0%，其中除了韩城市外，其余都是湖北样本县（市），老河口市、当阳市、宜城市增速都在-50.0%以下。地方公共财政收入负增长的样本县（市）达到93个，而上年只有68个。

（二）中部地区县（市）公共财政收入占比最低，东北地区逆势提升

2020年，400样本县（市）地方公共财政收入占地区生产总值的比重为6.5%。其中，东部地区样本县（市）地方公共财政收入占地区生产总值的比重为7.1%，中部地区县（市）为5.4%，西部地区为6.2%，东北地区为6.6%。由于400样本县（市）地方公共财政收入总体增速为1.4%，而地区生产总值名义增速为2.6%，所以总体而言400样本县（市）地方公共财政收入占地区生产总值的比重也是下降的，不过下降幅度较小，只比上年降低0.1个百分点。四大区域中，只有东北地区样本县（市）地方公共财政收入总体增速大于地区生产总值名义增速，所以地方公共财政收入占地区生产总值的比重有所上升，由上年的6.4%提升至6.6%，其他三大区域这一比重都略有下降。湖北样本县（市）对中部地区影响较大，如果剔除湖北，中部地区样本县（市）地方公共财政收入占地区生产总值的比重基本保持稳定，但在四大区域中仍然是最低的。

分省份看，内蒙古样本县（市）地方公共财政收入占地区生产总值的比重最高，达9.1%；浙江这一比重为8.7%。江西、山东、辽宁、山西、河北地方公共财政收入占地区生产总值的比重也都超过了7.0%。甘肃、湖北、黑龙江和重庆这一比重最低，都不足4.0%，其中，甘肃最低，只有2.3%。图1-9描述了分省份样本县（市）地方公共财政收入占地区生产总值的比重情况。2020年，平潭县地方公共财政收入占地区生产总值的比重超过固安县，达到18.1%，在400样本县（市）中最高，而固安县为14.5%，正定县则超过中牟县，分别排在第3位和第4位。当阳市、枝江市和沙洋县地方公共财政收入占地区生产总值的比重最低，都不足2.0%。

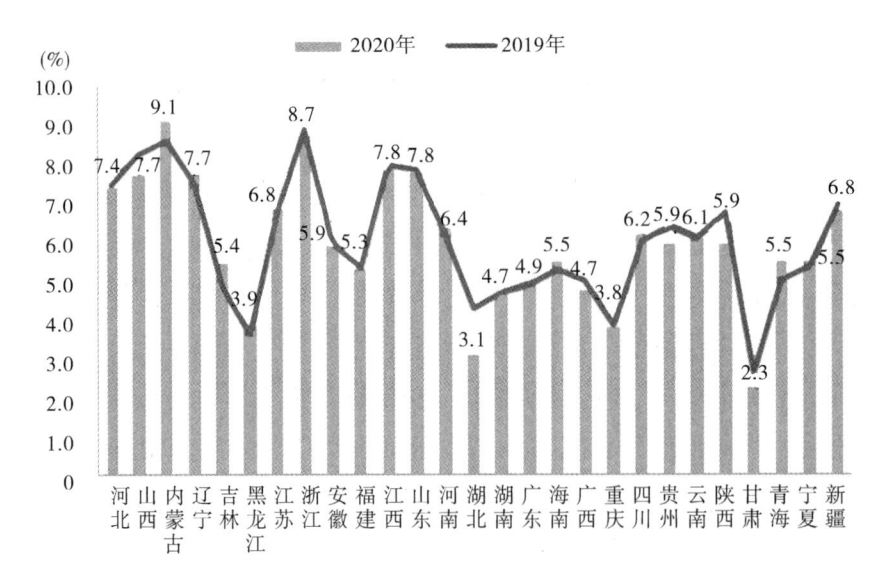

图 1-9　分省份样本县（市）地方公共财政收入占地区生产总值的比重

五　人均可支配收入

（一）28个县（市）城镇居民人均可支配收入超60000元，义乌独超80000元

2020年，义乌市城镇居民人均可支配收入达80137元，继续领跑400样本县（市）；玉环次之，达74492元。400样本县（市）中城镇居民人均可支配收入超过60000元的达到28个，比上年增加6个，浙江占20个，江苏和福建分别占7个和1个。400样本县（市）中城镇居民人均可支配收入超过50000元的达到52个，浙江和江苏分别占31个和13个，其他散布于福建、内蒙古、山东和湖南4个省份。

400样本县（市）中，浙江县（市）城镇居民人均可支配收入达59516元，仍是唯一超过50000元的省份，分别比排在第2位和第3位的内蒙古、江苏高出12956元和14261元。黑龙江样本县（市）城镇居民人均可支配收入最低，仍然不足

30000元。2020年,东部地区样本县(市)城镇居民人均可支配收入达44402元,中部地区为36001元,西部地区为38829元,东北地区为30942元。四大区域中,西部地区样本县(市)城镇居民人均可支配收入平均增速最高,为4.3%,东部地区和西部地区则分别为3.8%和3.1%,东北地区则仅为1.6%,其样本县(市)不仅城镇居民人均可支配收入水平最低,而且增长也最为缓慢。

2020年,东部地区样本县(市)农村居民人均可支配收入达23867元,中部地区为19706元,西部地区为19144元,东北地区为18643元。西部地区样本县(市)农村居民人均可支配收入平均增速最高,为8.0%;其次是东北地区,为7.5%;东部地区和中部地区分别为6.5%和5.8%。2020年400样本县(市)城镇和农村居民人均可支配收入分别为40148元和21518元,分别增长3.6%和6.6%。图1-10描述了分省份样本县(市)城镇居民人均可支配收入和农村居民人均可支配收入情况。

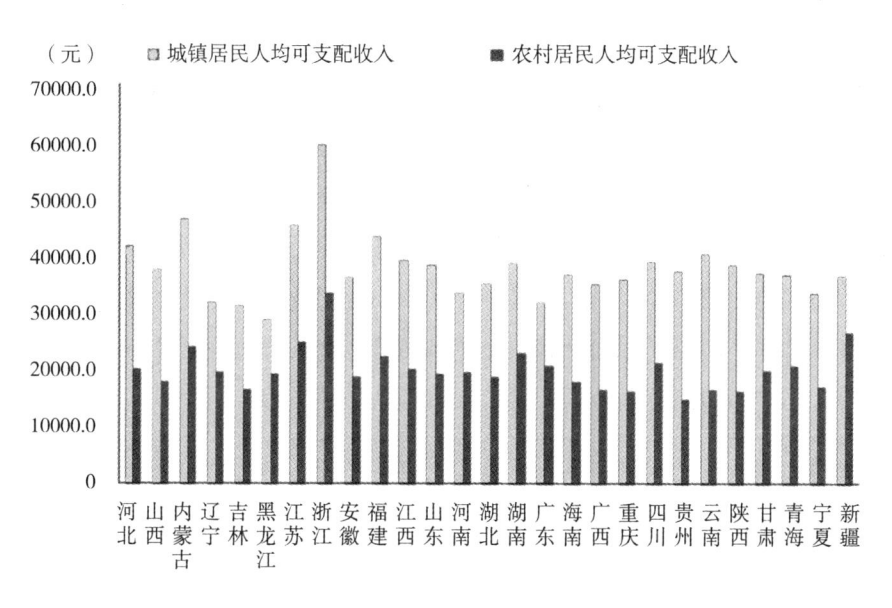

图1-10 分省份样本县(市)城镇居民人均可支配收入和农村居民人均可支配收入

(二) 样本县（市）城乡收入差距大幅缩小，但青海有所上升

从城镇居民人均可支配收入与农村居民人均可支配收入比较来看，400样本县（市）城镇居民可支配收入与农村居民人均可支配收入比平均为1.905，比上年降低0.055，之所以降幅较大主要是城镇居民人均可支配收入平均增速放缓的缘故。四大区域中，东部地区样本县（市）城乡收入比平均为1.881，比上年降低0.049；中部地区和西部地区县（市）的这一比分别平均为1.879和2.100，分别比上年降低0.050和0.074；东北地区样本县（市）城乡收入比平均为1.669，比上年降低0.095，城乡收入比缩小幅度最大。

分省份看，除了青海样本县（市）城乡收入比比上年略微增加外，其他26个省份县（市）这一比率全部有所降低，内蒙古、黑龙江、广西、辽宁和宁夏样本县（市）降低幅度最大，降幅都在0.100以上，黑龙江、内蒙古和辽宁城乡收入比的下降主要是因为城镇居民人均可支配收入平均增速偏低，宁夏和广西这一比率的下降则主要是因为农村居民人均可支配收入平均增速较高。贵州、云南样本县（市）城乡收入比依然最高，分别达到2.540和2.468，陕西、重庆、广西、山西、河北、海南、内蒙古和安徽样本县（市）城乡收入比率也都在2.000以上。新疆和黑龙江最低，都在1.5以下，黑龙江和新疆则属于经济发展水较差但农业条件较好的地区。图1-11描述了分省份样本县（市）城镇居民人均可支配收入与农村居民人均可支配收入比的情况。

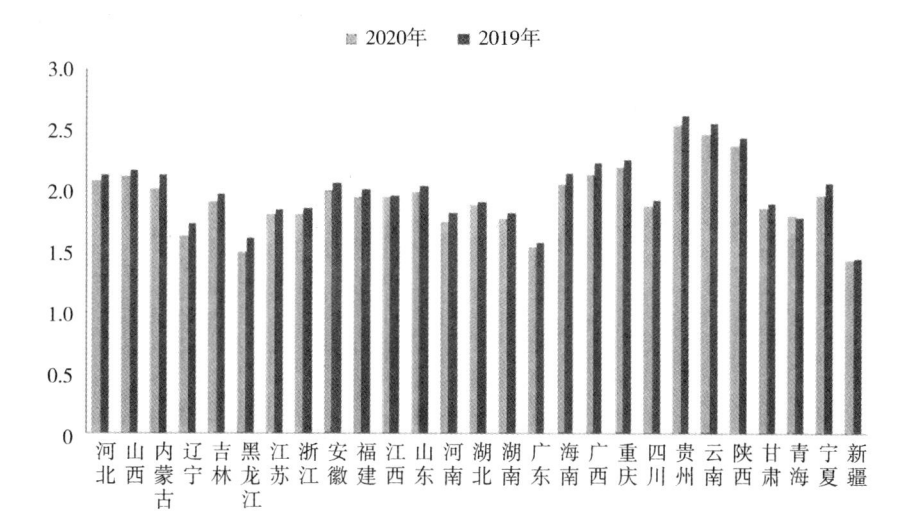

图 1-11 分省份样本县（市）城镇居民人均可支配收入与农村
居民人均可支配收入比

第二章 中国县域经济竞争力报告

一 中国县域经济竞争力指标的选取原则

中国县域经济竞争力指标的选取应主要遵循四个原则：一是整体性原则，即指标的选择要包含社会经济生态等各主要方面；二是关键性原则，即指标体系在保证整体性原则的基础上应力求简洁，特别是要尽力避免规模类指标的过度相关性；三是结构化原则，即指标体系应更加突出彼此间的比例结构关系，使县域经济发展各方面能够清晰立体地得以展现；四是钩稽性原则，即有些指标虽然难以单独表现原来的含义，但与另一些指标一起却可以通过彼此的互补或消长关系表现原来的含义。

二 中国县域经济竞争力指标体系的建立

中国县域经济竞争力指标体系由两级指标组成。一级指标体系分为经济规模竞争力、经济结构竞争力、市场需求竞争力、公共财政竞争力、金融资源竞争力、居民收入竞争力、基础教育竞争力、卫生福利竞争力和生态环境竞争力9个子系统。其中，经济规模竞争力和公共财政竞争力系统分别由3个二级指标组成，卫生福利竞争力系统由4个二级指标组成外，其余各竞争力系统都由2个二级指标组成。因此，中国县域经济竞争力指标体系共由9个子系统和22个二级指标构成（见表2-1）。

由于 2018 年后固定资产投资数据统计口径有较大变化，很多县（市）没有公布固定资产投资绝对数值，因此，只能采用社会消费品零售总额对市场需求竞争力进行描述。

表 2-1　　　　　　中国县域经济竞争力指标体系

一级指标	二级指标	备注
Z1 经济规模竞争力	Z1.1 GDP 规模	当年地区生产总值绝对数
	Z1.2 人均 GDP	以常住人口为基数
	Z1.3 GDP 增长率	以不变价格衡量的地区生产总值相对上一年的增长率
Z2 经济结构竞争力	Z2.1 第一产业增加值占 GDP 的比重（逆）	该指标数据值越大，负面影响越大
	Z2.2 第三产业增加值占 GDP 的比重	
Z3 市场需求竞争力	Z3.1 消费规模	以社会消费品零售总额衡量
	Z3.2 消费占 GDP 的比重	
Z4 公共财政竞争力	Z4.1 地方公共财政收入	
	Z4.2 人均地方公共财政收入	以常住人口为基数
	Z4.3 地方公共财政收入占 GDP 的比重	
Z5 金融资源竞争力	Z5.1 居民储蓄额	年末城乡居民在金融机构的储蓄额
	Z5.2 人均居民储蓄额	以常住人口为基数
Z6 居民收入竞争力	Z6.1 城镇居民人均可支配收入	以城镇常住人口为调查对象
	Z6.2 农村居民人均可支配收入	以农村常住人口为调查对象
Z7 基础教育竞争力	Z7.1 小学在校生占常住人口的比重	
	Z7.2 中学在校生占常住人口的比重	
Z8 卫生福利竞争力	Z8.1 千人医院床位数	每一千名常住人口拥有的医院床位数
	Z8.2 千人福利床位数	每一千名常住人口拥有的福利床位数
	Z8.3 城市低保标准占比	城市低保标准占城镇居民人均可支配收入的比重
	Z8.4 农村低保标准占比	农村低保标准占农村人均可支配收入的比重

续表

一级指标	二级指标	备注
Z9 生态环境竞争力	Z9.1 建成区绿化覆盖率	
	Z9.2 森林覆盖率	内蒙古样本选用植被覆盖率

三 中国县域经济竞争力指标体系权重的确定

中国县域经济竞争力指标体系的权重确定采用专家打分法。在确定权重的时候，适应新形势下党中央、国务院关于不过度追求速度和规模、更加重视经济发展质量和效益、促进社会公平和正义、建设生态友好型社会的执政理念和方针，特别是考虑到诸多规模类指标都和地区生产总值高度相关的事实，专家们降低了规模类指标的权重，适度提高了结构类指标的权重，使得县域经济竞争力排名不再过度依赖于某县（市）经济规模的大小，从而能够更加全面科学地反映各县（市）的真实竞争力状况。

由于部分指标由其他指标合成而得，如消费占GDP的比重（Z3.2）这一指标，就可以由消费规模（Z3.1）和GDP规模（Z1.1）计算而得，因此一定程度上存在着重复性问题。但是，为了突出指标自身特定经济内涵，增强指标体系的展示性，这种重复也是有必要的。在权重确定时，为了避免重复性问题导致的部分指标权重过高或过低，将适当降低分子项重复性指标（如消费规模）权重，并适当提高分母项重复性指标权重（如GDP规模）。

四 中国县域经济竞争力指标体系数据来源

400样本县（市）数据主要来源于各县（市）国民经济与社会发展统计公报、各县（市）人民政府工作报告、各县

(市) 发展和改革委员会的国民经济与社会发展规划、各县（市）2020年财政预算执行情况和2021年财政预算草案的报告、中国县域经济统计年鉴，或者来源于各县（市）政务信息公开网站、统计局网站、互动百科、百度百科；社会最低保障类数据来源于中国民政部网站；其余数据来源于各种途径的网络搜索和调研。其中，金融资源竞争力、基础教育竞争力、卫生福利竞争力指标数据为2019年数据，生态环境竞争力指标数据为最近年份可得数据，其余指标数据都是2020年数据。另外，由于内蒙古大部分地区的特殊地理气候，采取植被覆盖率替代森林覆盖率。图2-1描述了400样本县（市）的省域分布情况。

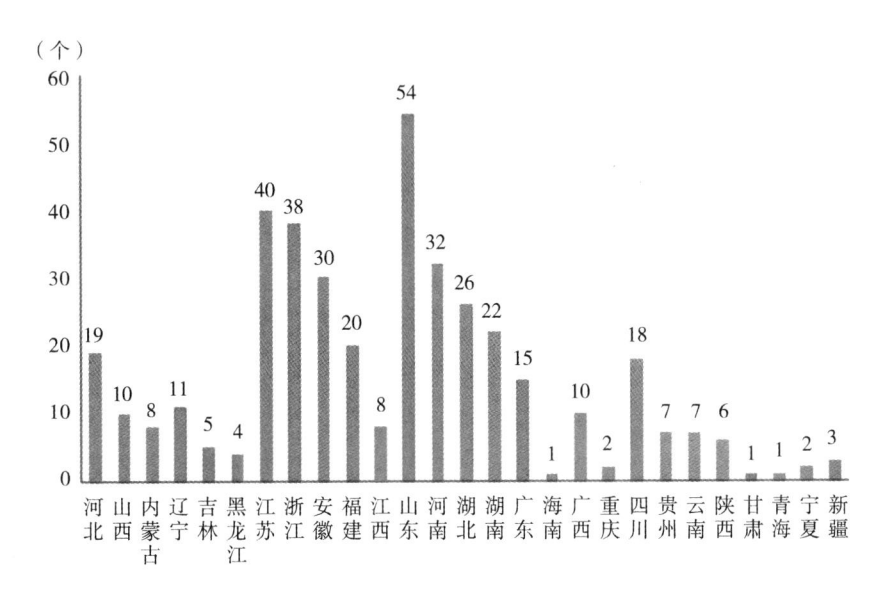

图2-1 400样本县（市）的省域分布

五 县域经济综合竞争力百强县（市）分析

县域经济综合竞争力百强县（市）［以下简称"百强县

（市）"］分布17个省份，苏浙鲁三省百强县（市）数量合计60个。分省份来看，共有17个省份拥有百强县（市），分别是江苏、浙江、山东、福建、河南、安徽、湖南、河北、云南、内蒙古、辽宁、贵州、陕西、江西、湖北、四川和新疆。江苏超过浙江，再居百强县（市）数量第一位，达25个，而浙江百强县（市）有23个，山东有12个。福建、河南百强县（市）也较多，各有7个；安徽与湖南各有4个；河北与云南各有3个；辽宁、陕西、内蒙古、贵州各有2个；湖北与江西、四川和新疆各有1个。在所考察的27个省份中，山西、吉林、黑龙江、广东、海南、广西、重庆、甘肃、青海和宁夏10个省份无缘百强县（市）。图2-2描述了百强县（市）省域分布情况。

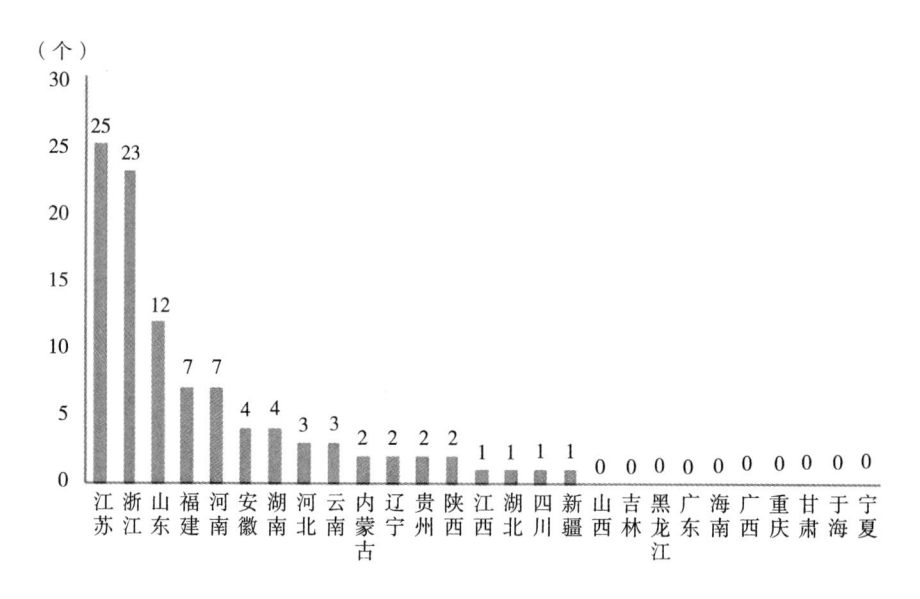

图2-2 百强县（市）省域分布

（一）百强县（市）产出比重继续上升，资源配置集中趋势难以改变

2020年，百强县（市）GDP总额达99010亿元，占400样本县（市）GDP总额的46.5%，比上年提高0.5个百分点。同时，百强县（市）公共财政收入和居民储蓄总额占400样本县（市）公共财政收入和居民储蓄总额的比重也分别达53.7%和41.4%，分别比上年提高0.6个百分点和0.4个百分点。与上年相同，这三项比重继续保持上升趋势。百强县（市）消费总额占400样本县（市）消费总额的比重只有44.7%，比上年提高0.6个百分点。百强县（市）消费总额所占比重有所提高，而上年这一比重则有所下降，这一差异很大程度上是由新冠肺炎疫情冲击导致的，即其他样本县（市）作为消费目的地，消费受到更大程度的疫情冲击，这一趋势可否持续还需要跟踪观察。

作为主要生产基地，百强县（市）地区生产总值和地方公共财政收入竞争力更有优势。与之相反，其他样本县（市）更多作为消费目的地，生产基地就业人员返乡消费和储蓄的行为更为普遍。这是百强县（市）地区生产总值和地方公共财政收入所占比重较高，而消费和储蓄所占比重相对偏低的原因。但是，百强县（市）地区生产总值、地方公共财政收入、居民储蓄额所占比重的持续上升，表明资源进一步集中的趋势仍在持续，地区均衡发展的态势尚没有形成。图2-3描述了百强县（市）主要指标值占400样本县（市）的比重情况。

（二）百强县（市）收入优势逐步缩小，卫生福利状况仍然更优

2020年，百强县（市）城镇居民人均可支配收入达50624元，是400样本县（市）平均水平的1.26倍；农村居民人均可支配收入达27738元，是400样本县（市）平均水平的1.29倍。与上年相比，百强县（市）与400样本县（市）城镇居民人均可支配收入比率略有缩小，而农村居民人均可支配收入比率则略有扩大。

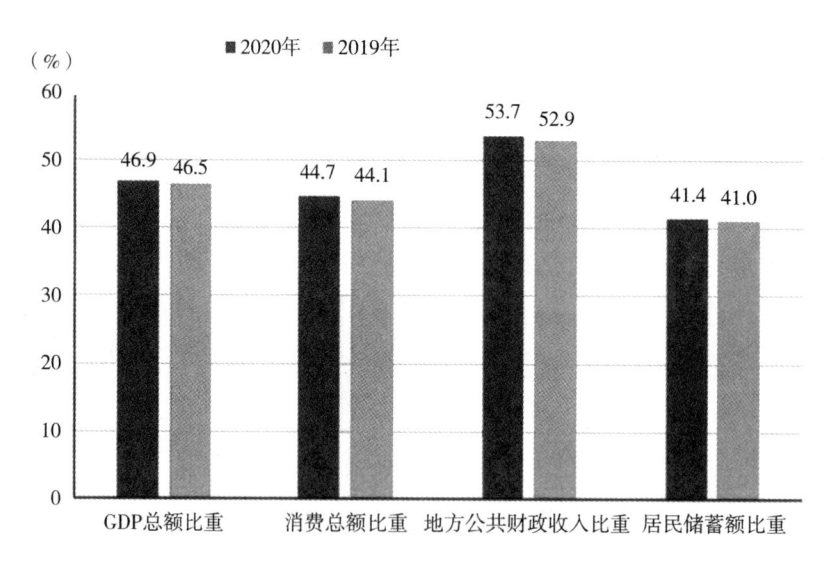

图 2-3 百强县（市）主要指标值占 400 样本县（市）的比重

2020年，百强县（市）城镇居民人均可支配收入与农村居民人均可支配收入的比率为1.83，也低于400样本县（市）平均1.87的水平，表明这些百强县（市）并没有因为社会经济的发展和收入水平的提高而使城乡收入差距进一步拉大，甚至还使这一差距略有缩小。不过，与上年相比，无论是400样本县（市）还是百强县（市），城乡收入比率都有所缩小。

2020年，从卫生福利指标看，按照常住人口计算的百强县（市）千人医院床位数平均为5.43张，高于400样本县（市）5.28张的平均水平，同时百强县（市）千人福利床位数平均达到5.63张，而400样本县（市）只有4.43张，百强县（市）卫生福利状况继续显著优于其他县（市）。与上年相比，百强县（市）与400样本县（市）平均千人医院床位数的差距有所缩小，但是平均千人福利床位数的差距略有扩大。

2020年，百强县（市）中学在校生占常住人口的比重平均为4.71%，仍然显著低于400样本县（市）的5.19%，与上年相比差距继续扩大。百强县（市）小学在校生比重平均为6.99%，400样本（市）平均为7.49%，与上年相比差距略有缩小。百强县中学在校生与小学在校生人数之比为0.67，也略低于400样本县（市）0.69的比率，不过与上年相比，二者比率都有所上升。表2-2描述了百强县（市）与400样本县（市）主要指标比较情况。

表2-2　百强县（市）与400样本县（市）主要指标比较

指标	400样本县（市）	百强县（市）
城镇居民人均可支配收入（元）	40149	50624
农村居民人均可支配收入（元）	21518	27738
中学在校生占常住人口的比重（%）	5.19	4.71
小学在校生占常住人口的比重（%）	7.49	6.99
千人医院床位数（张）	5.28	5.43
千人福利床位数（张）	4.43	5.63

六　百强县（市）分项竞争力分析

（一）经济规模竞争力分析

从地区看，东部地区、中部地区、西部地区和东北地区经济规模竞争力百强县（市）分别有67个、22个、10个和1个。分省份看，共有17个省份拥有经济规模竞争力百强县（市），山西、吉林、黑龙江、广东、海南、广西、重庆、四川、甘肃和青海10个省份没有县（市）进入经济规模竞争力百强县（市）。江苏和浙江经济规模竞争力较强，百强县（市）各有27和18个，山东有11个，福建和河南各有9个。图2-4描述了经济规模竞争力百强县（市）省域分布情况。

按照GDP规模排名的百强县（市），江苏有25个，浙江有18个，山东有12个，福建有9个，而河南和湖北各有7个。图2-5描述了GDP规模百强县（市）省域分布情况。

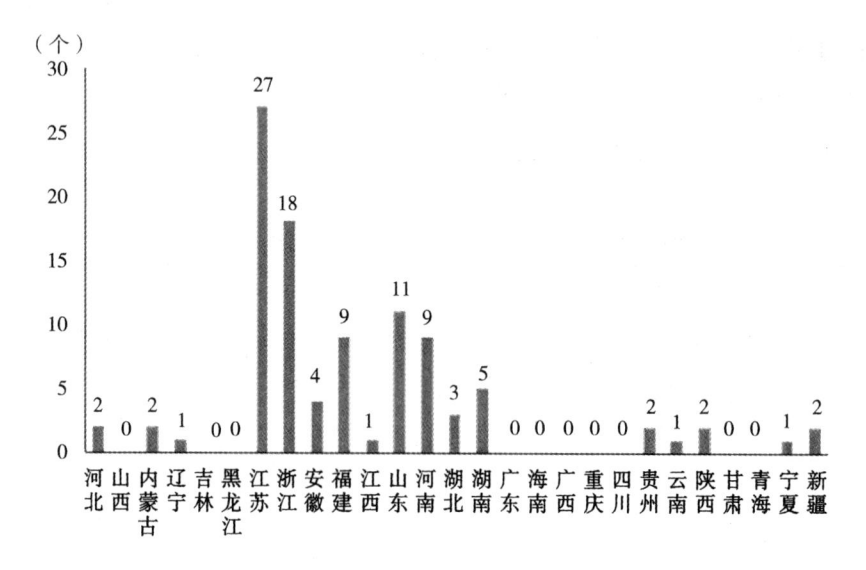

图 2-4 经济规模竞争力百强县（市）省域分布

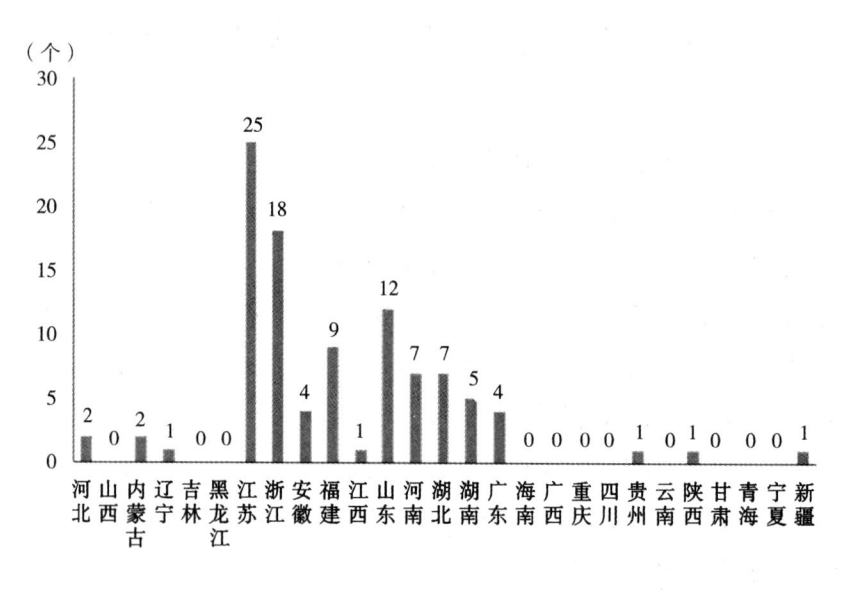

河北	山西	内蒙古	辽宁	吉林	黑龙江	江苏	浙江	安徽	福建	江西	山东	河南	湖北	湖南	广东	海南	广西	重庆	四川	贵州	云南	陕西	甘肃	青海	宁夏	新疆
2	0	2	1	0	0	27	18	4	9	1	11	9	3	5	0	0	0	0	0	2	1	2	0	0	1	2

图 2-5 GDP 规模百强县（市）省域分布

河北	山西	内蒙古	辽宁	吉林	黑龙江	江苏	浙江	安徽	福建	江西	山东	河南	湖北	湖南	广东	海南	广西	重庆	四川	贵州	云南	陕西	甘肃	青海	宁夏	新疆
2	0	2	1	0	0	25	18	4	9	1	12	7	7	5	4	0	0	0	0	1	0	1	0	0	0	1

（二）经济结构竞争力分析

浙江样本县（市）经济结构竞争力继续领先。经济结构竞争力百强县（市）有65个属于东部地区，中部地区和西部地区分别有23个和9个，东北地区有3个。分省份看，经济结构竞争力百强县（市）最多的是浙江，达到27个；其次是江苏、山东和河南，分别有14个、11个和10个。黑龙江、海南、广西、重庆、陕西、甘肃、青海和宁夏8个省份没有县（市）进入经济结构竞争力百强（见图2-6）。西部地区县（市）、第二、第三产业增加值占GDP的比重较高，第一产业增加值相应较低，相对于中部地区而言经济结构竞争力整体较强。

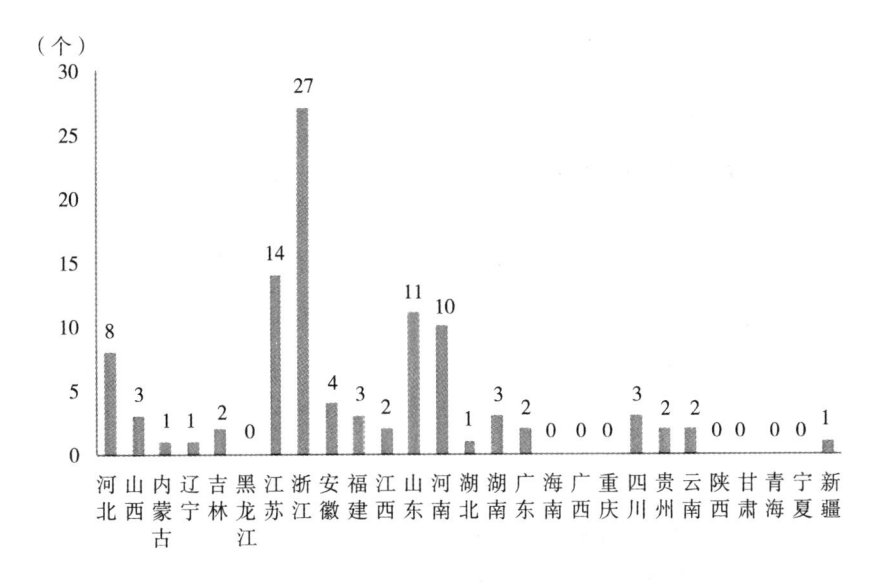

图2-6　经济结构竞争力百强县（市）省域分布

2020年，400样本县（市）第三产业增加值占GDP的平均比重由上年的43.9%升至44.6%。对比上一年度数据，400样本县（市）第三产业增加值占GDP的比重超过50%的县（市）增至95个，介于40%和50%之间的县（市）增至209个，介于30%和40%之间的县（市）降至75个，而低于30%的县

（市）则减少到21个（见图2-7）。

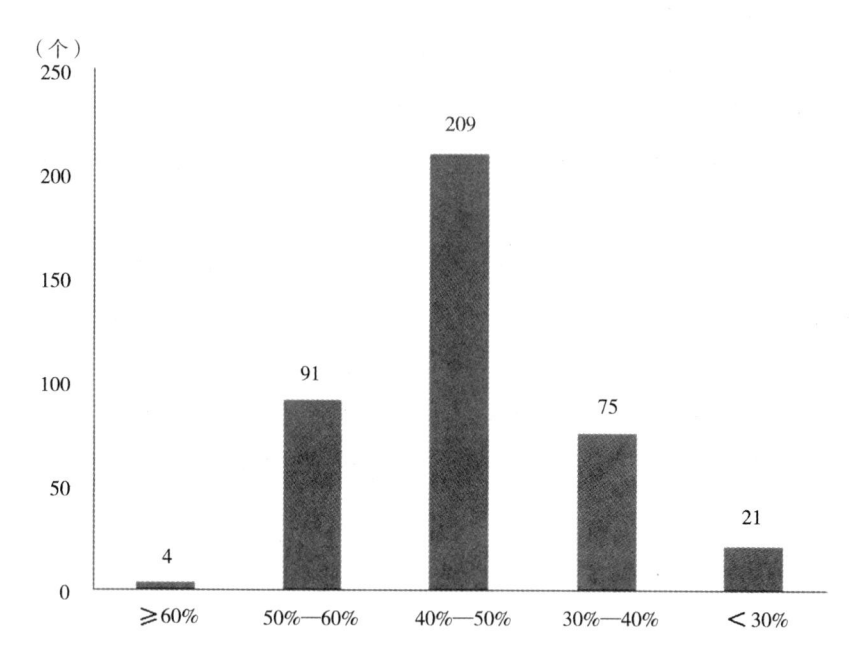

图2-7 400样本县（市）第三产业增加值比重分布区间

2020年，第三产业增加值比重超过70%的县（市）有4个，分别是凯里市、涿州市、满洲里市和义乌市。第三产业增加值比重最低的县（市）仍然是灵武市（14.7%）和玉门市（17.1%），也是仅有的低于20.0%的2个县（市）。

（三）市场需求竞争力分析

福建市场需求竞争力表现突出。市场需求竞争力前10位县（市）中福建占了5个，反映出福建在消费规模、消费水平和本地消费方面都非常突出。浙江占了2个，其他3个县（市）分属江苏、安徽和四川。分地区看，市场需求竞争力百强县（市）中，东部地区有64个，中部地区有24个，西部地区有8个，东北地区有4个。分省份看，山东和浙江的市场需求竞争力百强县（市）最多，分别有19个和17个。内蒙古、江西、海南、广西、陕西、甘肃、青海、宁夏和新疆9个省份没有县（市）进入市场需求竞争力百强。图2-8描述了市场需求竞争力百强县（市）省域分布情况。

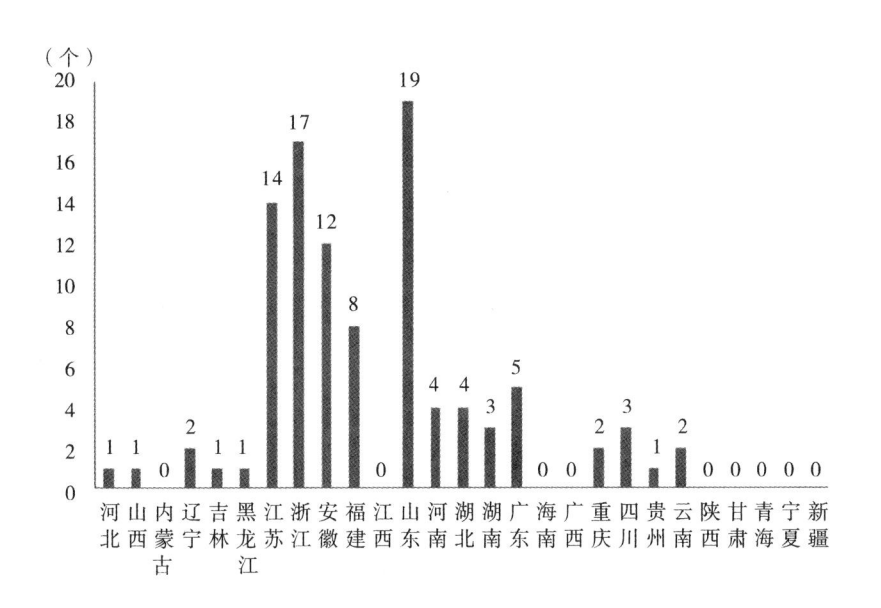

图2-8 市场需求竞争力百强县（市）省域分布

消费占GDP的比重排在前10位的县（市）分别是石狮市、安溪县、太和县、砀山县、睢宁县、苍南县、仙游县、凯里市、宾县和龙游县。网络零售额是衡量区域电子商务产业发展水平的重要指标，对社会消费品零售总额具有重要的支撑作用，石狮市和安溪县网络零售额占社会消费品零售总额的比重都较高，这使其消费占GDP的比重大幅上升。分省份看，山东消费占GDP比重排在前100位的样本县（市）最多，达20个；其次是安徽和浙江，分别有13个和12个。从400样本县（市）平均看，重庆、安徽、广东、浙江、福建、山东、云南、四川和黑龙江样本县（市）消费占GDP的平均比重居于前列，都超过了40%。宁夏、甘肃、青海和陕西消费占比最低，都不超过20.0%，这主要是对GDP贡献份额较大的重工业吸纳劳动力较少以及中心城市的虹吸效应共同导致的结果。图2-9描述了消费占GDP的比重前100位县（市）省域分布情况。

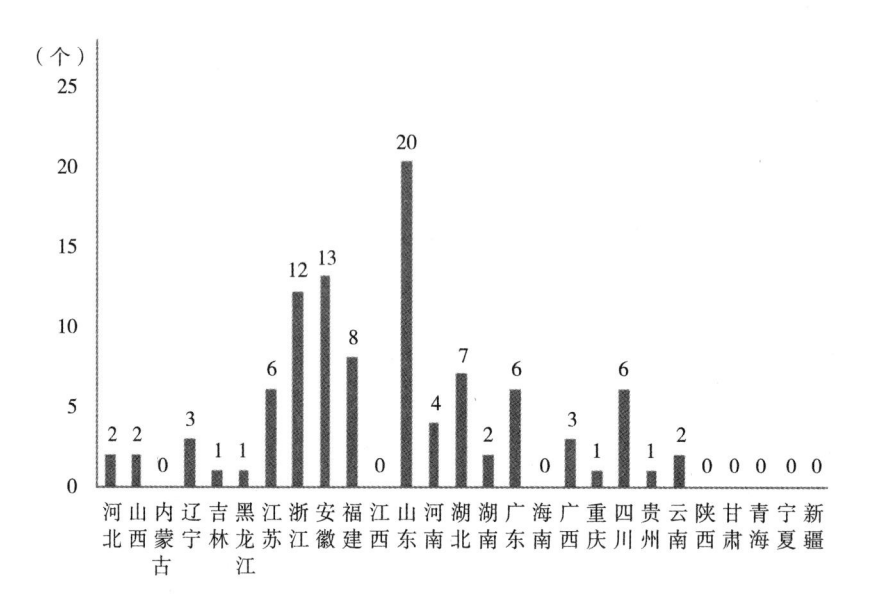

图2-9 消费占GDP的比重前100位县（市）省域分布

（五）公共财政竞争力分析

东部地区县（市）公共财政竞争力进一步提升，中部地区县（市）相对下降。公共财政竞争力前100位县（市）中，有69个属于东部地区，17个属于中部地区，11个属于西部地区，3个属于东北地区。分省份看，浙江进入公共财政竞争力前100位的样本县（市）达27个，山东有17个，江苏有14个，河北和河南各有6个（见图2-10）。

地方公共财政收入占GDP的比重明显回升，但中部地区稍显乏力。地方公共财政收入占GDP的比重前10位的县（市）分别是平潭县、固安县、正定县、中牟县、盘山县、邹平市、渑池县、太仓市、德清县、安吉县。其中，固安县和中牟县都是连续四年进入前10位，太仓市则是连续三年进入前10位。

2020年，地方公共财政收入占GDP的比重超过15%只有1个县（市），另有22个县（市）这一比重为10%—15%，有124个县（市）这一比重低于5%（见图2-11）。

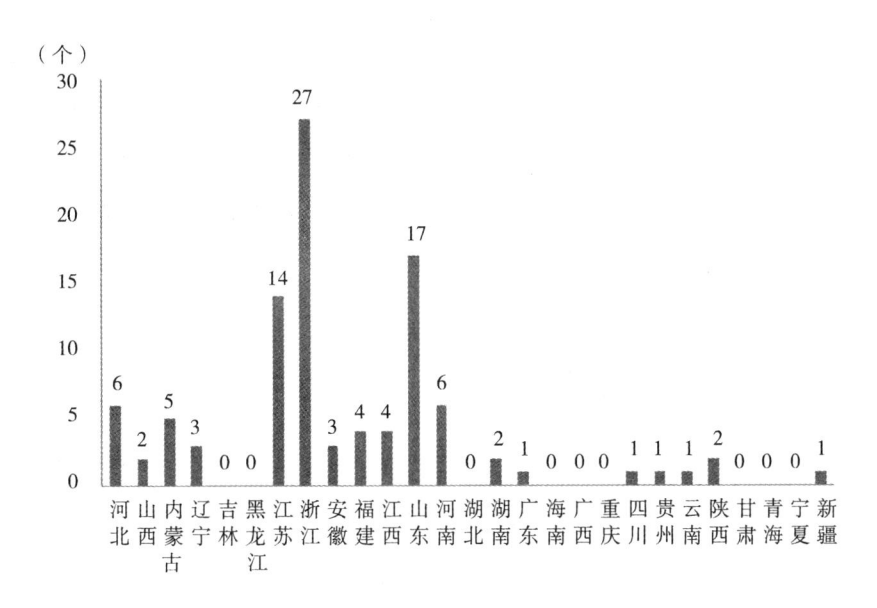

图2-10 公共财政竞争力前100位县（市）省域分布

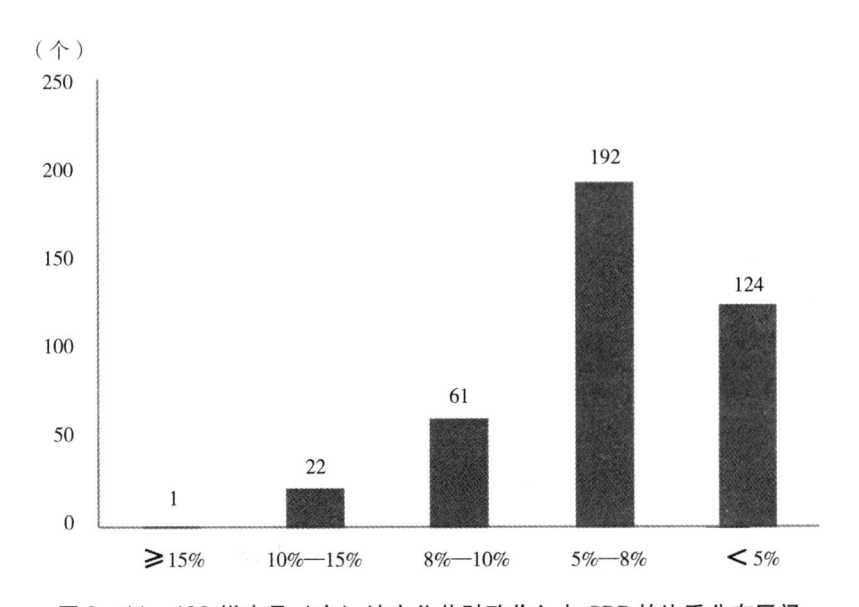

图2-11 400样本县（市）地方公共财政收入占GDP的比重分布区间

人均地方公共财政收入相差悬殊，中部地区因人口稠密和发展不足财政能力偏弱。人均地方公共财政收入最高的前100个县（市），东部地区占了64个，中部地区占了19个，西部地区占了14个，东北地区占了3个。分省份看，浙江有23个县（市）进入人均地方公共财政收入前100名，江苏、山东分别有18个和13个县（市）进入前100名。400样本县（市）中，有27个县（市）人均地方公共财政收入超过10000元，其中，超过30000元的仍然只有伊金霍洛旗，超过20000元而低于30000元的县（市）有3个，分别是准格尔旗、太仓市和昆山市；另外，超过6000元而不到10000元的县（市）有76个，低于2000元的县（市）有67个（见图2-12）。人均地方公共财政收入低于2000元的县（市）中，东部、中部、西部和东北地区分别有16个、32个、12个和7个。2020年东部、中部、西部和东北地区400样本县（市）人均地方公共财政收入分别为5580元、3540元、5163元和3337元。

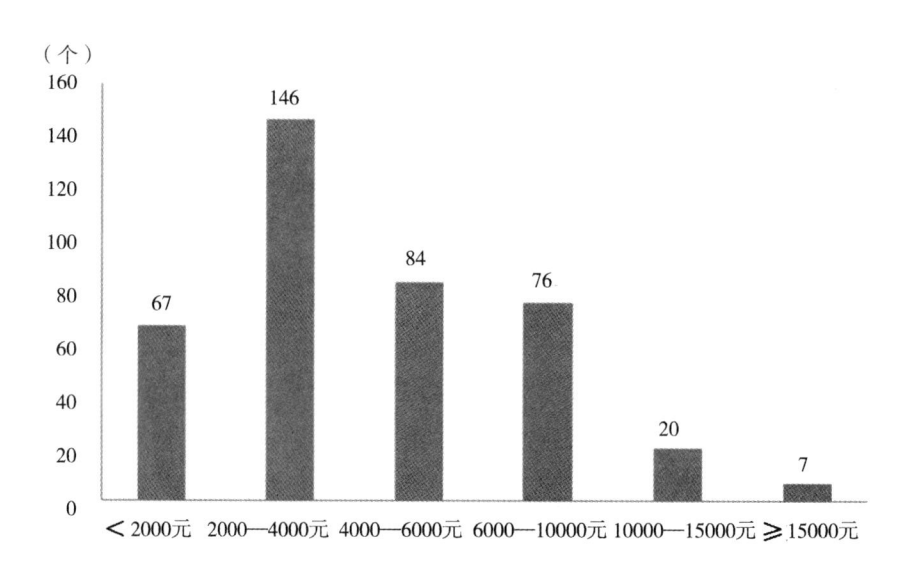

图2-12 400样本县（市）人均地方公共财政收入分布区间

(六) 金融资源竞争力分析

江浙金融资源竞争力较强,义乌市继续位居榜首。金融资源竞争力前10位县(市)分别是义乌市、常熟市、宜兴市、张家港市、启东市、慈溪市、神木市、海安市、江阴市和昆山市。除了浙江的义乌和慈溪、陕西的神木外,其他前10位的县(市)都属于江苏。金融资源竞争力前100位县(市)中,浙江占了25个,江苏和河北分别占了21个、12个,山东占了9个,四川、辽宁和福建分别占了7个、6个和4个。图2-13描述了金融资源竞争力前100位县(市)省域分布情况。

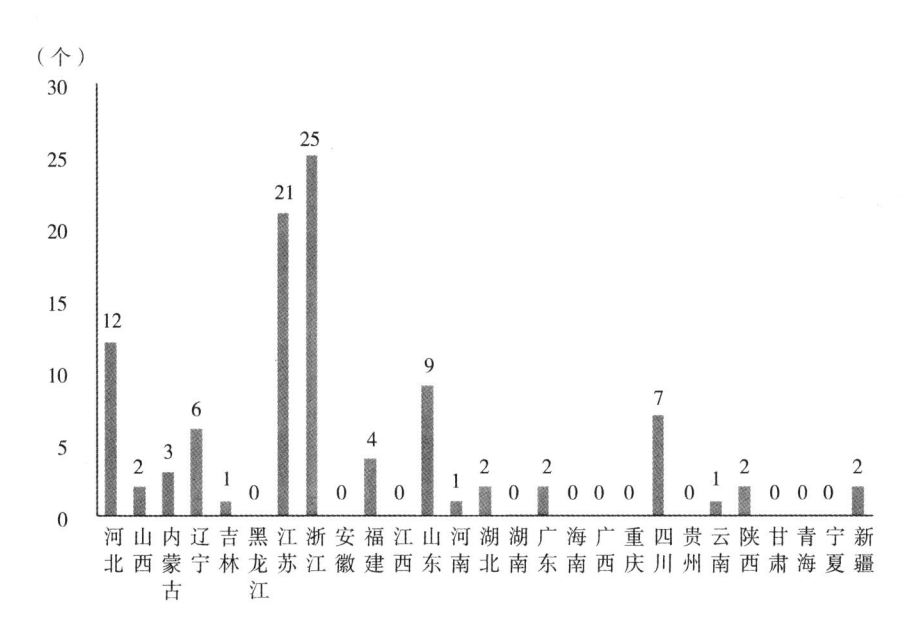

图2-13 金融资源竞争力前100位县(市)省域分布

2020年,400样本县(市)人均居民储蓄为49747元,其中东北地区为55662元,东部地区为55533元,西部地区为49103元,中部地区最低,只有40696元。相对上年而言,东部、中部、西部和东北地区样本县(市)人均居民储蓄额分别增长12.2%、17.1%、6.7%和32.9%。虽然东北地区样本县（市）居民储蓄总额只增长 15.1%，但东北地区人均居民储蓄额增速较高很大程度是由于第七次人口普查统计口径的常住人口显著下降所致。分省份看，广西和贵州仍然最低，人均居民储蓄额都不到 30000 元；湖南、黑龙江、河南、安徽、广东和云南也偏低，都不足 40000 元；陕西、内蒙古和浙江人均居民储蓄额最高，都超过了 70000 元。不过，由于陕西和内蒙古入选 400 样本县（市）的都是本省份经济发展较好的地区，其人均居民储蓄额较高并不能代表该省份的普遍情况；而浙江样本县（市）数量达到 38 个，从而其人均居民储蓄额较高则基本反映了全省的普遍情况。图 2-14 描述了 400 样本县（市）人均居民储蓄额区间分布，从中不难看出，大部分县（市）人均居民储蓄额都在 30000—70000 元。

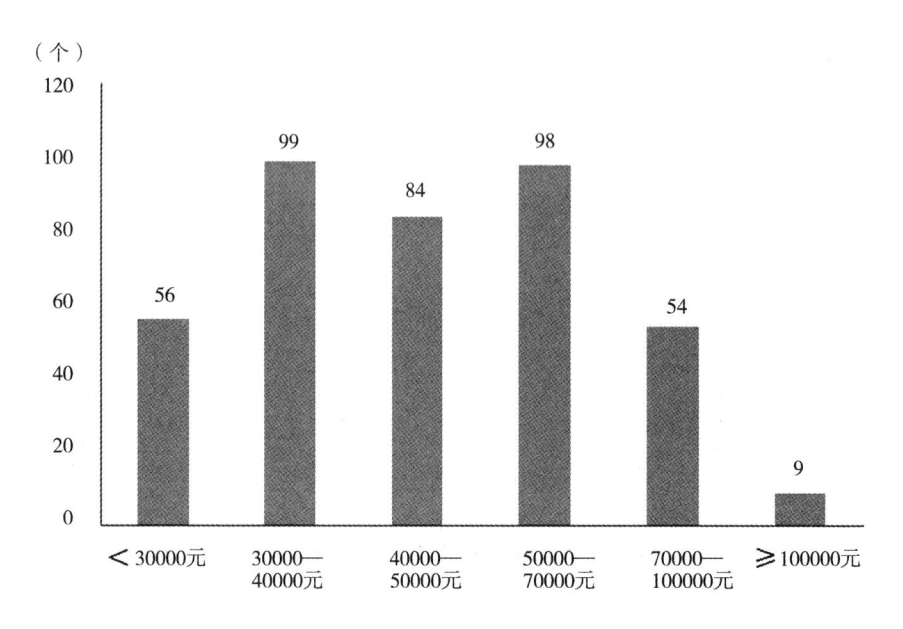

图 2-14 400 样本县（市）人均居民储蓄额区间分布

图 2-15 进一步描述了人均居民储蓄额前 100 位中各省份县（市）占据的席数。图 2-15 显示，400 样本县（市）人均居民储蓄额前 100 位县（市）中，浙江占 27 个，江苏占 20 个，河

北占14个，山东只有8个，辽宁和山西各占6个。

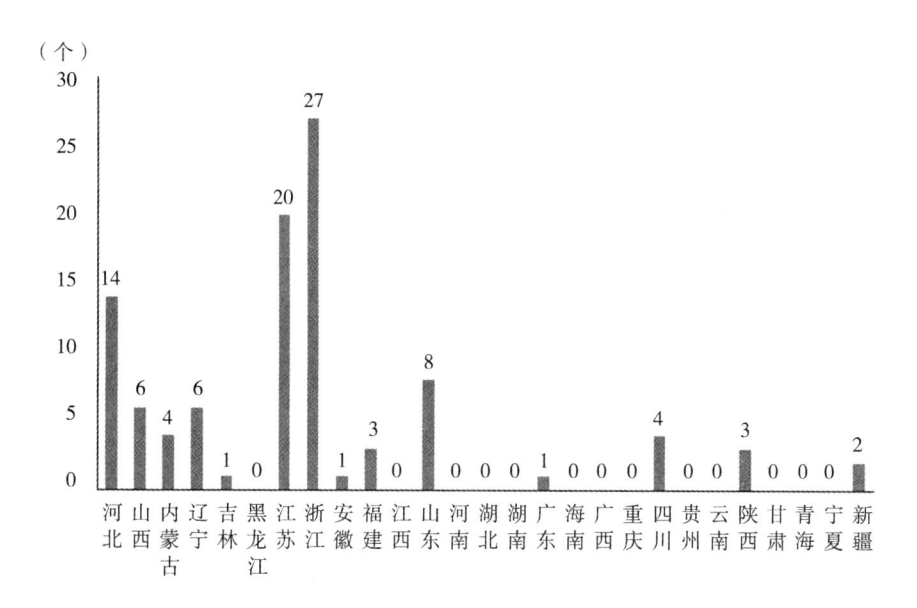

图 2-15 人均居民储蓄额前100位县（市）省域分布

（七）居民收入竞争力分析

东部地区县（市）居民收入竞争力较强，浙苏鲁占据百强近七成。分省份看，居民收入竞争力前100位中，浙江样本县（市）全部进入前100位，占了38个；其次是江苏和山东，分别占了19个和12个（见图2-16）。中部和西部地区县（市）分别有11个和9个进入居民收入竞争力前100位；而东部地区则有80个县（市）进入居民收入竞争力前100位；东北地区没有县（市）进入居民收入竞争力前100位。

2020年，400样本县（市）城镇居民人均可支配收入为40148元，比上年增长3.6%元。浙江38个样本县（市）城镇居民人均可支配收入达59516元，增长4.1%，是唯一城镇居民人均可支配收入超过50000元的省份。黑龙江样本县（市）城镇居民人均可支配收入依然最低，只有28586元，是唯一城镇

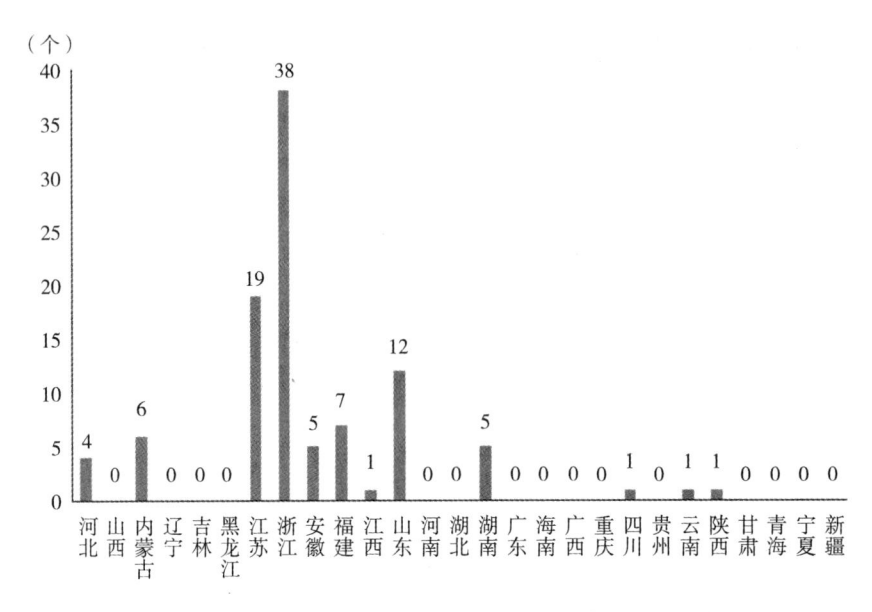

图2-16 居民收入竞争力前100位县（市）省域分布

居民人均可支配收入低于30000元的省份，增速也只有0.15%。吉林、辽宁、广东、河南和宁夏样本县（市）城镇居民人均可支配收入也偏低，都低于35000元。内蒙古、江苏、福建、河北和云南样本县（市）城镇居民人均可支配收入较高，都高于40000元。图2-17描述了各省份样本县（市）城镇居民人均可支配收入情况。

（八）基础教育竞争力分析

基础教育区域差异较大，务工人员输入地区基础教育仍需加强。在基础教育竞争力前100位的县（市）中，河南有19个，江苏和广西各有10个，山东则有9个（见图2-18）。分地区看，基础教育竞争力前100位县（市）中，东部地区和西部地区分别有36个和25个，中部地区有38个，东北地区只有1个。总体看，由于外来务工人员的子女随行就学难度较大，外来务工人员较多的区县（市）小学在校生占常住人口的比重偏低，相应地削弱了其基础教育竞争力。而外出务工人口较多的区正相反，常住人口的减少以及中小学生被大量滞留在本地，中小学生占常住人口的比重上升。尽管如此，有些县（市）凭借自身较高的教育质量，吸引了更多其他县（市）的中小学生就读，仍然可以使用当前的指标充分反映。

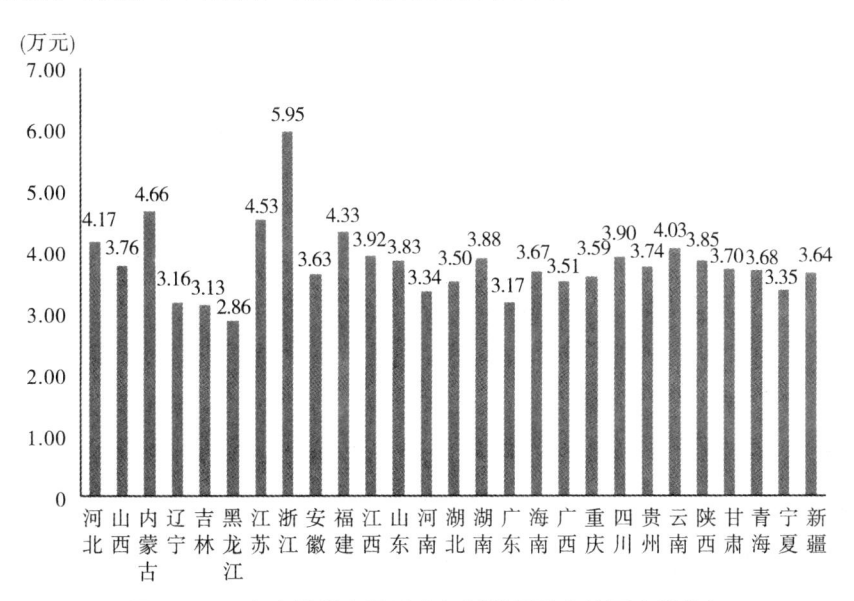

图2-17 各省份样本县（市）城镇居民人均可支配收入

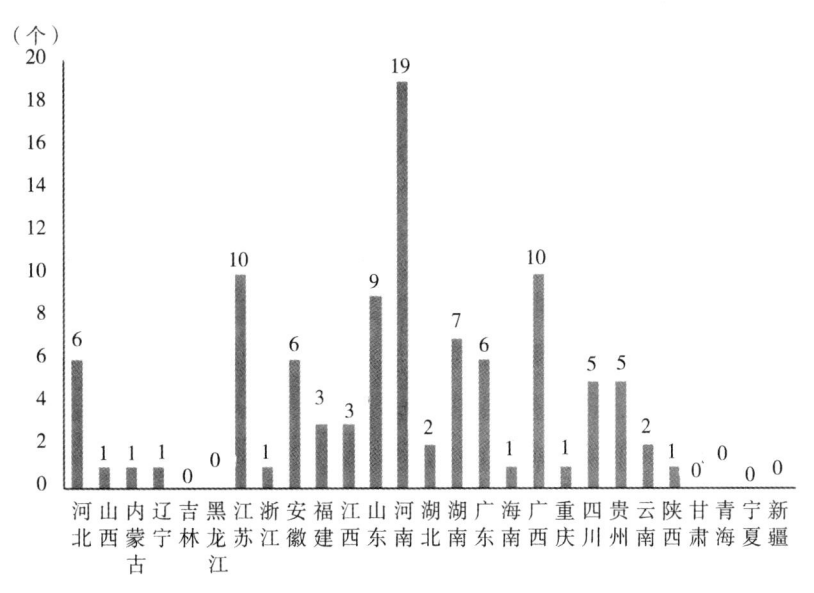

图2-18 基础教育竞争力前100位县（市）省域分布

2020年，400样本县（市）小学在校生占常住人口的比重、中学在校生占常住人口的比重分别为7.49%和5.20%。西部地区这两项指标分别为7.78%和5.60%，分别比上年提高0.04个和0.08个百分点；中部地区这两项指标分别为7.91%和5.52%，分别比上年降低0.03个百分点和提高0.15个百分点；东部地区这两项指标分别为7.45%和4.96%，分别比上年提高0.05个百分点和0.10个百分点；东北地区这两项指标的平均值分别为4.22%和4.02%，分别比上年提高0.08个百分点和0.74个百分点。

分省份看，广西、贵州和河南样本县（市）小学在校生占常住人口的比重较高，分别达到10.61%、10.17%和10.15%。黑龙江、辽宁和吉林这一比重最低，都不足5.00%，主要是由于这些地区的县（市）人口老龄化现象比较严重，出生率偏低所致。重庆、贵州和广西样本县（市）中学在校生占常住人口的比重较高，很大程度上是因为入选样本县（市）在当地中学吸引了周边区域适龄学生就读。其中重庆样本县（市）中、小学在校生比率甚至超过1.0。图2-19和图2-20分别描述了分省份样本县（市）小学在校生、中学在校生占常住人口的比重情况。

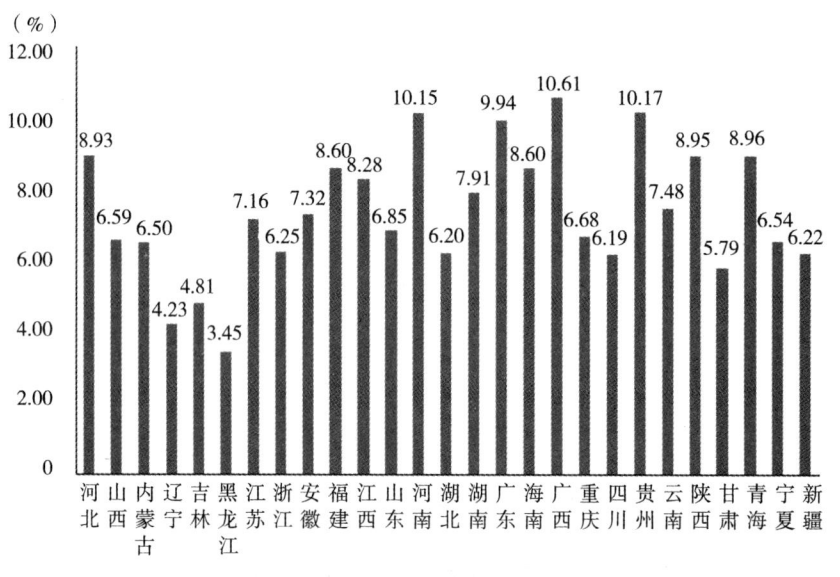

图2-19 分省份样本县（市）小学在校生占常住人口的比重

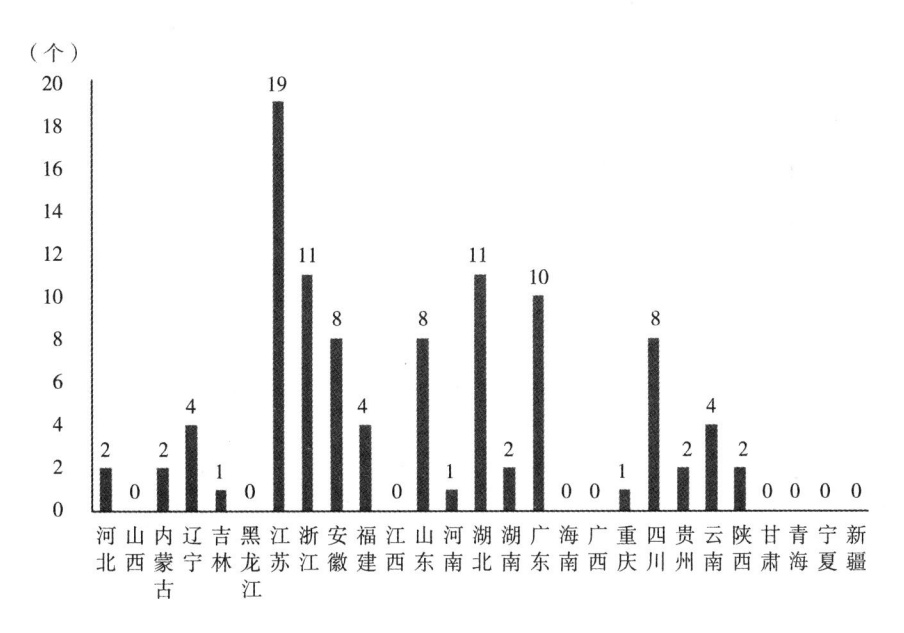

图 2-20 分省份样本县（市）中学在校生占常住人口的比重

（九）卫生福利竞争力分析

江苏卫生福利竞争力仍遥遥领先。卫生福利竞争力前 100 位县（市）中，江苏占 19 个；其次是浙江和湖北，各占 11 个；安徽则有 8 个。山西、黑龙江、江西、海南、广西、甘肃、青海、宁夏和新疆 9 个省份没有县（市）进入卫生福利竞争力前 100 位。图 2-21 描述了卫生福利竞争力前 100 位县（市）省域分布情况。

2020 年，400 样本县（市）千人医院床位数为 5.28 张，比上年增加 0.24 张。西部地区样本县（市）千人医院床位数平均达到 6.39 张，在四大区域中仍然最高；而东部地区样本县（市）只有 5.01 张，在四大区域中最低；中部地区和东北地区样本县（市）千人医院床位数分别为 5.15 张和 5.08 张。不过，反观千人福利床位数，400 样本县（市）千人福利床位数为 4.43 张，而东部地区千人福利床位数达 4.85 张，只略低于东北地区的 4.88 张，既高于中部地区的 4.28 张，也高于西部地区

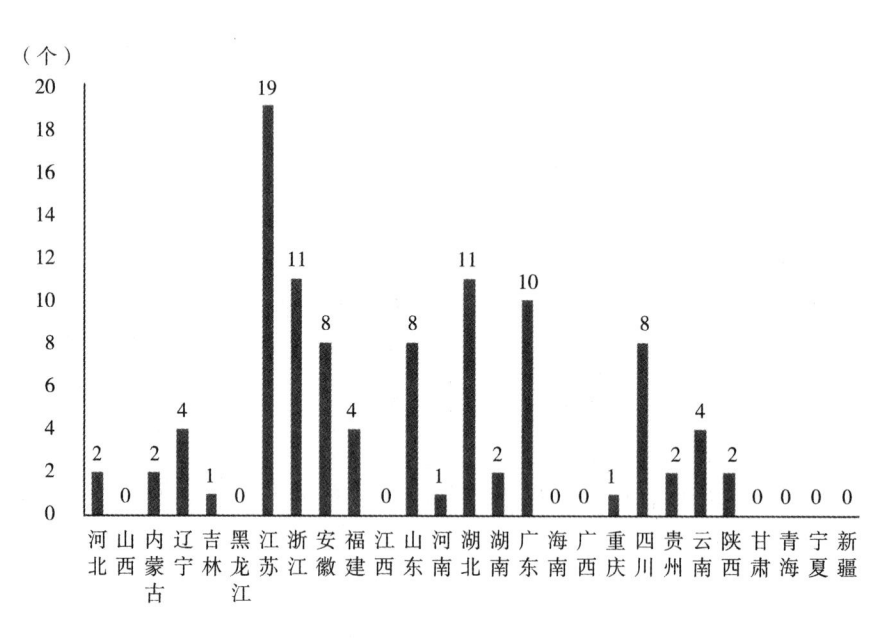

图 2-21 卫生福利竞争力前 100 位县（市）省域分布

的 3.37 张。

分省份看，云南、四川、青海和重庆样本县（市）千人医院床位数最多，分别达到 8.2 张、7.5 张、7.5 张和 7.1 张；黑龙江和宁夏最少，都不超过 4.0 张；山西、江西、广东、广西、福建和安徽千人医院床位数也较少，都不足 5.0 张。浙江千人福利床位数最多，达到 8.6 张；青海最少，只有 0.6 张。总体看，东部地区县（市）在医养结合方面做出了有益的尝试。图 2-22 和图 2-23 分别描述了分省份 400 样本县（市）千人医院床位数、分省份 400 样本县（市）千人福利床位数情况。

（十）生态环境竞争力分析

建成区绿化覆盖率继续提高。生态环境竞争力前 100 位县（市）中，浙江、福建和湖南较多，分别占了 21 个、15 个和 14 个，四川、内蒙古、广西和广东各有 5 个。图 2-24 描述了生态环境竞争力前 100 位县（市）省域分布情况。

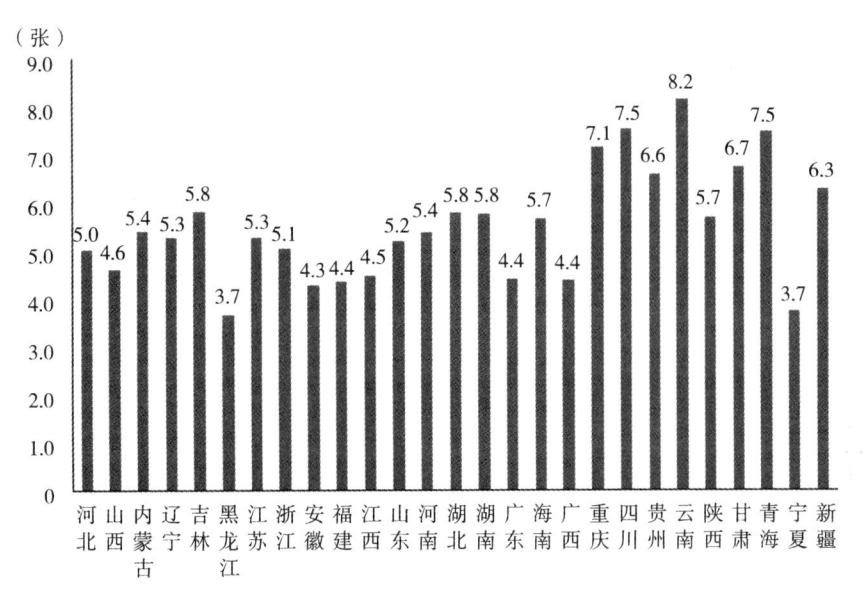

图 2-22　分省份 400 样本县（市）千人医院床位数

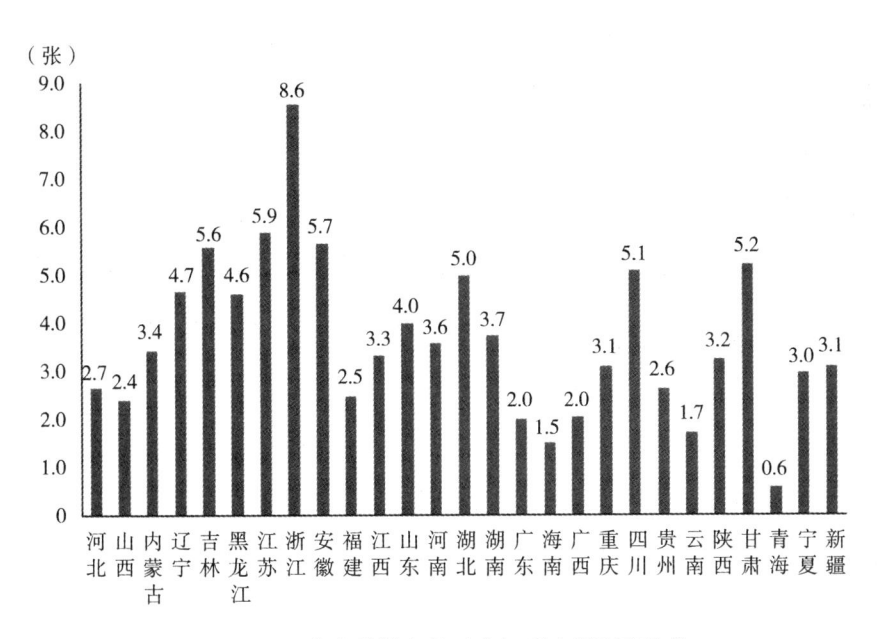

图 2-23　分省份样本县（市）千人福利床位数

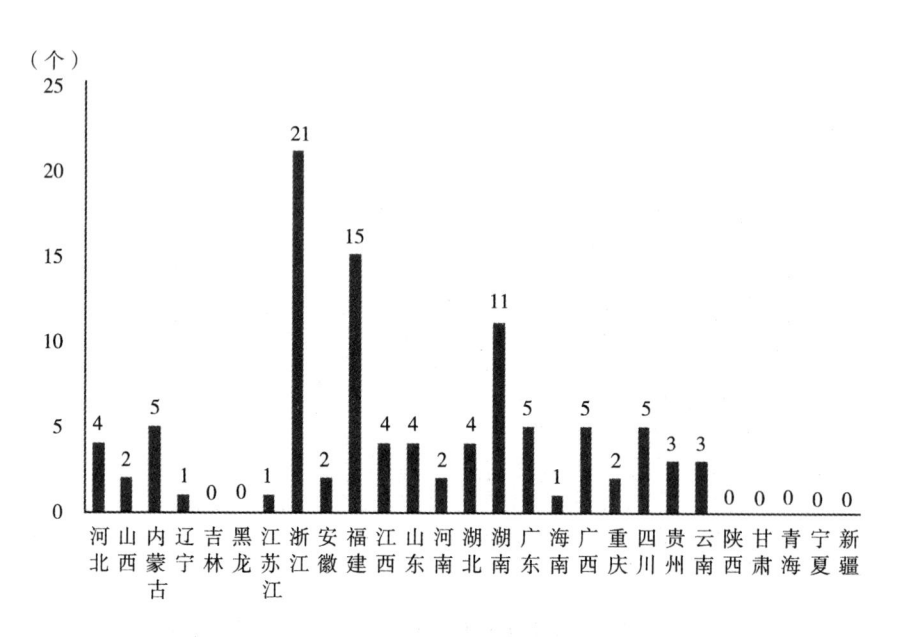

图 2-24　生态环境竞争力前 100 位县（市）省域分布

2020 年，400 样本县（市）建成区绿化覆盖率为 40.3%，森林覆盖率为 39.7%。400 样本县（市）中，已经有 225 个绿化覆盖率超过了 40%。此外，400 样本县（市）中有 10 个县（市）这一比率低于 30%。分地区看，东部地区和中部地区样本县（市）建成区绿化覆盖率较高，分别为 41.2% 和 40.1%；西部地区和东北地区相对较低，分别为 39.5% 和 36.2%。400 样本县（市）中，有 149 个县（市）森林覆盖率（内蒙古各旗市为植被覆盖率）超过 45%，低于 30% 的有 142 个。图 2-25 和图 2-26 分别描述了 400 样本县（市）建成区绿化覆盖率区间分布情况和森林覆盖率区间分布情况。

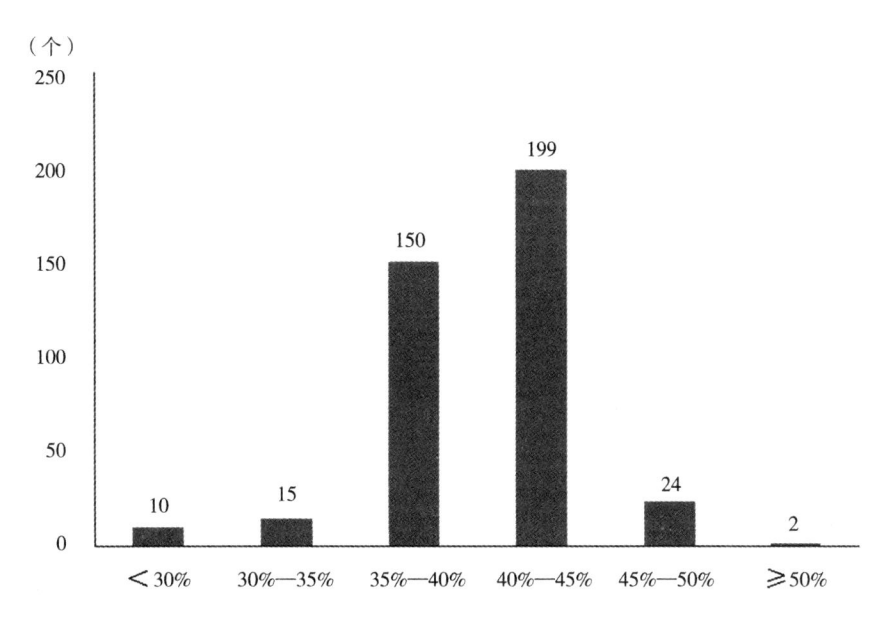

图 2-25　400 样本县（市）建成区绿化覆盖率区间分布情况

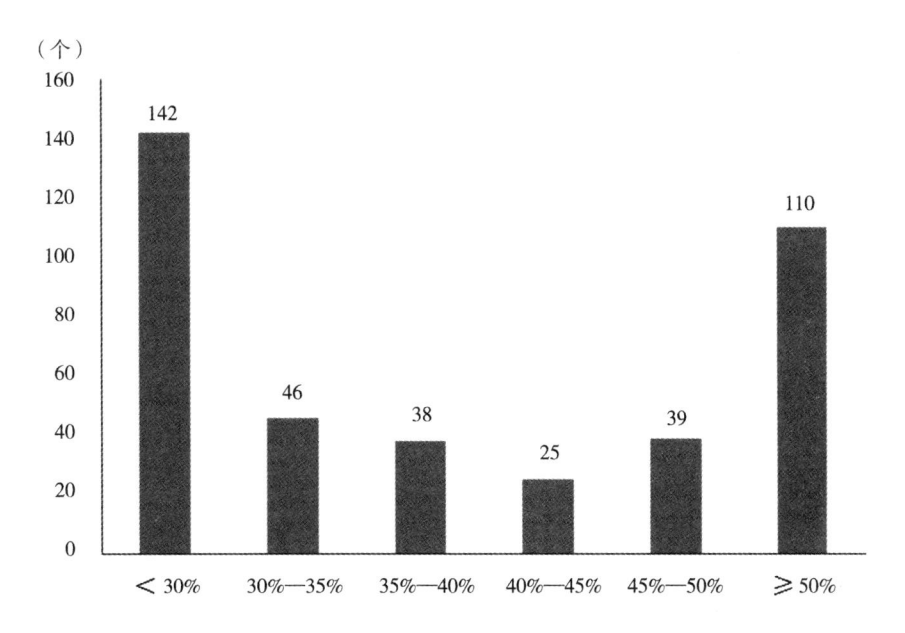

图 2-26　400 样本县（市）森林覆盖率区间分布情况

第二篇　专题报告

第三章 中国县域经济发展现状、问题和趋势

一 中国县域经济发展现状

(一) 县域经济总量占比持续下降,三次产业发展全部相对滞后

根据《中国城市统计年鉴》,2019年全国289个城市[①]地区生产总值达到94.9万亿元,其中,经对区划调整因素修正后,县域所占比重为36.6%,比2013年下降2.6个百分点,市辖区则相应提高2.6个百分点。2019年,东部、中部、西部和东北地区县域地区生产总值占本区域的比重分别为29.3%、50.0%、38.9%、32.4%,全部有所下降。不仅如此,县域三次产业发展速度也都落后于市辖区。2013—2019年县域第一、第二、第三产业增加值名义(下同)平均增速为3.4%、2.2%和11.3%,市辖区则分别为3.6%、3.1%和11.5%。表3-1描述了2013—2019年全国及四大区域县域地区生产总值占全国城市地区生产总值的比重情况。

表3-1　　2013—2019年县域GDP占全国城市GDP的比重　　单位:%

年份	东部地区	中部地区	西部地区	东北地区	全国
2013	32.8	56.6	41.8	38.6	39.4

---

① 不含地区、州和盟,也不包括三沙市;西藏只包括拉萨市。

续表

年份	东部地区	中部地区	西部地区	东北地区	全国
2014	32.1	56.7	41.3	42.0	39.3
2015	31.5	56.7	41.4	41.0	38.9
2016	31.1	56.7	41.1	40.4	38.5
2017	30.5	56.5	39.5	36.7	37.6
2018	30.3	56.0	39.4	35.4	37.3
2019	29.3	55.0	38.9	32.4	36.6

（二）中部地区县域发展最快，东北地区县域发展堪忧

2013—2019年，中部地区县域经济平均增速达7.9%，其次是西部和东部地区县域，分别为6.3%和6.0%，东北地区县域则下滑至-5.6%。分产业看，中部地区县域第三产业增加值平均增速达16.22%，甚至高于市辖区，西部地区县域第三产业增加值平均增速也接近市辖区。相反，四大区域县域第二产业增加值平均增速都大幅落后于市辖区，其中，东部地区县域第二产业增加值平均增速与市辖区相差较小，而东北地区则相差甚远。表3-2比较了2013—2019年分地区市辖区和县域三次产业增长情况。

表3-2　2013—2019年分地区市辖区和县域三次产业增长情况　单位:%

		东部地区	中部地区	西部地区	东北地区	全部地区
市辖区	全部地区生产总值	8.3	10.2	8.4	-1.2	7.9
	第一产业增加值	3.4	4.8	6.6	0.6	4.4
	第二产业增加值	4.7	5.5	3.2	-6.2	3.6
	第三产业增加值	11.2	15.2	13.2	3.7	11.6
县域	全部地区生产总值	6.0	7.9	6.3	-5.6	5.8
	第一产业增加值	3.3	3.1	5.9	-0.5	3.4
	第二产业增加值	3.7	3.7	1.6	-16.4	2.2
	第三产业增加值	9.4	16.2	13.2	0.4	11.3

（三）县域财政收支自给率偏低，对上级财政转移依赖程度较大

县域不仅经济总量远不如市辖区，而且创造财政收入的能力也较弱。2019 年，268 个含有县域的样本城市，其市辖区一般公共预算收入占 GDP 的比重为 8.6%，而县域只有 7.1%。另外，县域区域广大、人口众多、事务繁杂，其一般公共预算支出占 GDP 的比重达 20.9%，而市辖区只有 14.5%。收支的不匹配使县域财政自给率（收支比率）大幅低于市辖区。2019 年，市辖区财政自给率达 59.7%，而县域只有 34.0%，前者是后者的 1.76 倍，甚至比 2013 年 1.65 倍又略有提高。不过，也有部分县域财政自给率较高，2019 年有 14 个县（市）的财政自给率平均超过 70%，主要位于江苏、浙江和山东等省份，特别是苏州县域财政自给率超过了 100%。但同时也有 14 个县（市）的财政自给率不足 10%，全部位于西北或东北地区。表 3-3 描述了 2013—2019 年四大区域市辖区和县域财政自给率情况。

表 3-3　2013—2019 年分地区市辖区和县域财政自给率　　单位:%

	年份	东部地区	中部地区	西部地区	东北地区	全部地区
市辖区	2019	71.3	51.9	50.7	54.5	59.7
	2018	73.5	56.2	53	58.9	62.7
	2017	75.6	58.9	51.5	58.8	63.5
	2016	77	62.5	55.9	44.9	63.9
	2015	77.2	65.8	57.9	57.5	67.4
	2014	84	67.6	59.9	67.8	71.8
	2013	83.2	65.3	58.5	69.1	70.6

续表

	年份	东部地区	中部地区	西部地区	东北地区	全部地区
县域	2019	47.2	32.2	26.4	20.3	34.0
	2018	50.8	32.6	28.7	18.5	35.9
	2017	51.5	34.0	30.1	18.2	36.8
	2016	52.8	35.4	32.0	28.8	39.4
	2015	54.7	36.3	34.1	23.3	40.3
	2014	59.8	37.7	34.9	37.3	21.7
	2013	58.7	36.4	34.2	40.5	42.8

（四）部分县域人口流失速度惊人，近郊区县域人口流入较快

根据可获得数据的1758个样本县（市），常住人口总量由第六次人口普查的7.56亿减少到第七次人口普查的7.18亿，降幅为5.0%。这种人口流动受工业化和城镇化进程影响，但这也表明全国大中城市市辖区仍然是城镇化和工业化的主战场。不过，真正令人担忧的是区域发展的不平衡，已导致部分县域人口急剧减少。2010—2020年，样本县（市）中有68个常住人口流失达到30.0%以上，部分县（市）人口流失甚至达到50.0%，主要位于东北和西北地区。不过，也有38个县（市）人口流入超过30%，大多位于中心城市近郊，多扮演都市区生活居住社区的角色。部分产业发达县域人口也呈现流入趋势，但是流入强度相比中心城市近郊区县域明显偏弱。图3-1描述了第六次全国人口普查和第七次全国人口普查中各省份县域常住人口变化情况。从图3-1不难看出，27个样本省份中，两次全国人口普查期间，只有江苏、浙江、福建、海南、贵州、西藏、青海和宁夏等省份县域常住人口有所增加，其他省份县域常住人口全部减少。其中，浙江县域常住人口增长12.9%，增加速度最快，而黑龙江、吉林和辽宁县域常住人口分别下降

26.1%、23.7%和16.1%，减少速度最快。

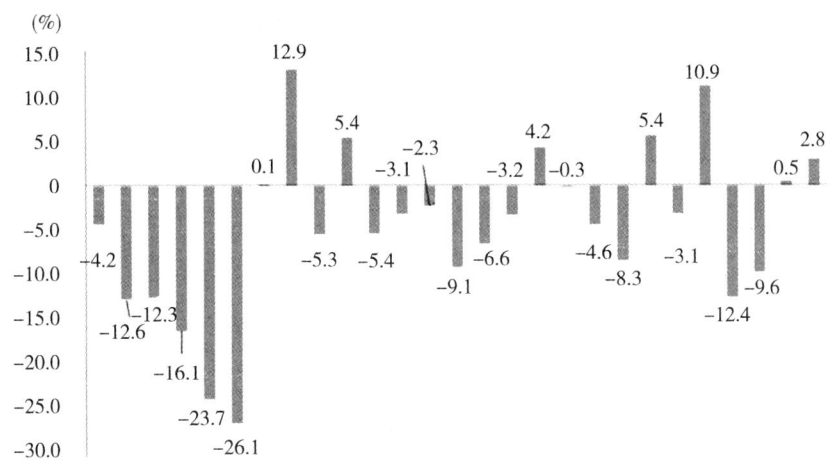

图 3-1 2010—2020 年分省份县域常住人口增减情况

注：新疆大多数县（市）由于第七次人口普查数据不可得，所以新疆各县（市）不包含于1758个样本县（市）中。

二 中国县域经济发展存在的问题

相对城区而言，中国县域经济发展仍然存在着许多问题，这些问题的存在使县域偏弱的竞争地位难以改变，仅有的一些优势也难以有效发挥。

（一）产业基础薄弱，集群效应难以有效发挥

除了发达经济区的县域和极少数特色资源型县域，绝大多数县域产业规模偏小，产业集群形成困难，规模效应不能有效发挥，供给链不完善，市场影响力较小，对县域招商和产业质量提升都形成较大挑战。所观察的1865个县（市），2019年地区生产总值平均值为203亿元，其中，经济规模不足100亿元

的县域达到 761 个，占比为 40.8%；特别是对集群发展具有更高要求的第二产业发展不足，同期全国有 1033 个县域第二产业增加值不足 50 亿元。因此，对于全国大多数县域而言，产业集群发展具有较大难度。

（二）科教资源缺乏，产业升级缺少有力支撑

由于缺乏实力强大的高等院校和企业研发总部，县域科教资源十分缺乏。另外，相对传统产业而言，高新技术产业或新型、战略型产业发展潜力巨大，由于科教资源的缺乏，县域在这些高端产业发展方面处于绝对的劣势地位，甚至科技加工型产业的引进也都面临困难，在产业升级竞赛中将持续处于弱势地位。

（三）资源型产业比重大，面临较大收缩压力

有相当部分县域资源型产业比重较大，但是这种较为单一的产业结构，也使县域面临较大的风险。一方面，资源一旦枯竭，转型又遭遇困难，县域经济将会急剧收缩。另一方面，即使资源仍然丰裕，但是资源价格的频繁波动以及需求的可能萎缩，都将给资源型产业继而对县域经济带来严重冲击。

（四）公共和商业服务水平偏低，降低人才吸引力

作为更高层级行政部门所在的市辖区，动员配置资源的能力较强，同时市辖区作为区域中心的功能被过度强化，导致高水平的教育和医疗等公共资源被集中于市辖区。而且，市辖区的一系列优势也促进了产业发展，人口规模不断扩大，也有利于高等级商业中心的形成。与之相比，县域公共和商业服务水平显得偏低，不利于高端人才的集聚。

（五）产业优惠政策力度不足，影响市场竞争能力

经济开发区或产业园区是产业集聚发展的重要载体。但是，

享有较多优惠政策的国家经济技术开发区、国家或省级高新技术开发区，大多集中于各类市辖区。相反，除了个别县域外，县域高层级的产业开发区或园区较为缺乏。这降低了县域招商引资的吸引力，削弱了企业参与市场竞争的能力，并由此丧失发展壮大的机会。

（六）县域具有土地空间优势，但受政策抑制而削弱

县域具有较广阔的土地空间，土地则是重要的生产要素，并可提供舒适的生活空间。然而，工业化和城镇化进程耗用了大量土地，农村宅基地退出也存在障碍，造成耕地持续紧张，土地建设指标日益紧俏，使诸多县域特别是后发展的县域，土地需求难以及时得到满足，土地空间优势无法有效发挥。

（七）微观主体赢利能力偏弱，内生发展动力不足

大多数县域企业属于本地传统行业，行业发展空间有限，面临激烈的市场竞争，同时自身管理水平较低，致使赢利能力偏低，不仅自我积累能力不足，而且贷款融资困难，缺乏足够的内生发展动力，进而影响县域经济的发展。

（八）县域政府过度微观干预，企业营商环境欠佳

部分县域服务型政府建设不到位，管理思维过重，服务思维不足，而且县域产业发展不充分，企业数量较少，部门管理过于严格，单个企业应付各类检查的负担较重。同时，县域对部分企业的指导过于精细，并不一定符合市场规律，经营管理模式极易出现偏差，从而导致企业经营失败。

（九）农村区域空间过大，乡村振兴需要较大投资

县域存在着大量的村庄，这些村庄大都比较分散，而且毗邻交通要道者数量较少，对于西部地区地广人稀的县域更是如

此。村庄过度分散，导致供水、供气、交通道路等基础设施以及教育、医疗等公共服务设施的提供成本急剧增加，从而乡村振兴需要的投资额也更大。

三 中国县域经济发展的未来趋势

（一）人户分离缓解将使县域服务业面临发展压力

从就业结构看，中国劳动力就业由第一产业向第二、第三产业转移，逐渐过渡到由第二产业向第三产业转移的阶段。在就业和生活目的地分割的情况下，多数县域特别是县城承担了生活性服务产品的提供功能，从而服务业增速与市辖区差距减小。但是，随着户籍制度改革的深入，半城市化问题将逐步得到缓解，县城服务业发展有可能会进入降速阶段。

（二）县域工业发展增速相对较慢的趋势将会延续

从工业发展看，大多数传统工业行业增速逐渐放缓，而战略性新兴产业发展相对较快。但是，由于劳动力的自由流动导致全国劳动工资趋同，传统工业行业在一国内部的区域梯度转移趋势并不显著。同时，大多数县域由于科教资源缺乏，产业链不完善，交通区位优势不明显，战略性新兴产业发展动能严重不足。因此，县域工业的未来发展也难言乐观。不过，由于县域工业劳动密集型程度偏高，只要维持增长，县域就具有一定的人口集聚能力。

（三）大多数县域人口流失的趋势不可逆转

从人口流动看，地处偏远和人口稠密的县域，由于工业发展不足以吸纳剩余劳动力，人口流出仍然会继续。经济发展强劲的大中城市郊区县和长江中游区域县域，人口减少将趋缓，甚至经过一段时间有可能逐渐实现人口净流入。经济发达地区的县域，自动化和信息化的推进使工业吸纳就业减少，但是服务业发展会吸纳更多就业，其结果是人口可能会略有增加。大中城市市辖区凭借工业和服务业的发展优势，仍然将是人口流入的主要目的地。此外，农村人口的老龄化，导致死亡率逐渐升高，作为农村主要承载地的县域，人口减少压力会进一步增大，并对县域消费乃至整个服务业产生不利影响。

第四章 中国县域经济差异现状、问题和趋势

一 中国县域经济差异现状

（一）GDP 规模差异显著，相当部分县（市）集聚效应严重不足

所观察的 1865 个县（市），2019 年地区生产总值平均值为 203.6 亿元，东部、中部、西部和东北地区县域地区生产总值平均规模分别为 367.9 亿元、239.1 亿元、113.7 亿元和 118.4 亿元，西部和东北地区县域经济规模明显偏低。其中，经济规模不足 100 亿元的县域达到 761 个，占比 40.8%；不足 50 亿元的县域有 305 个，占比 16.4%，这导致 1865 个县（市）地区生产总值中位数只有 123.3 亿元。另外，部分县域经济规模庞大，有 36 个县域地区生产总值超过 1000 亿元，其和是 761 个不足 100 亿元县域的 1.3 倍，占全部样本县域地区生产总值的比重达到 14.4%。图 4-1 描述了县域地区生产总值规模分布区间情况。江苏县域平均经济规模最大，达 1020.3 亿元；浙江也达 510.8 亿元，排在第二位；西藏和青海县域平均经济规模最小，分别为 11.3 亿元和 43.6 亿元，甘肃、黑龙江、山西和新疆也都不足 100 亿元。图 4-2 描述了分省份县域平均地区生产总值规模情况。

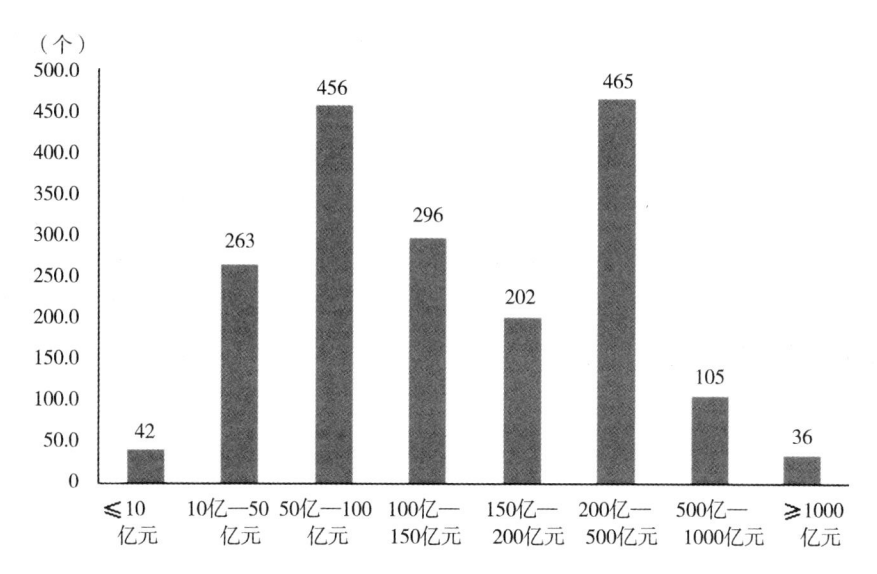

图 4-1 县域地区生产总值规模分布区间情况

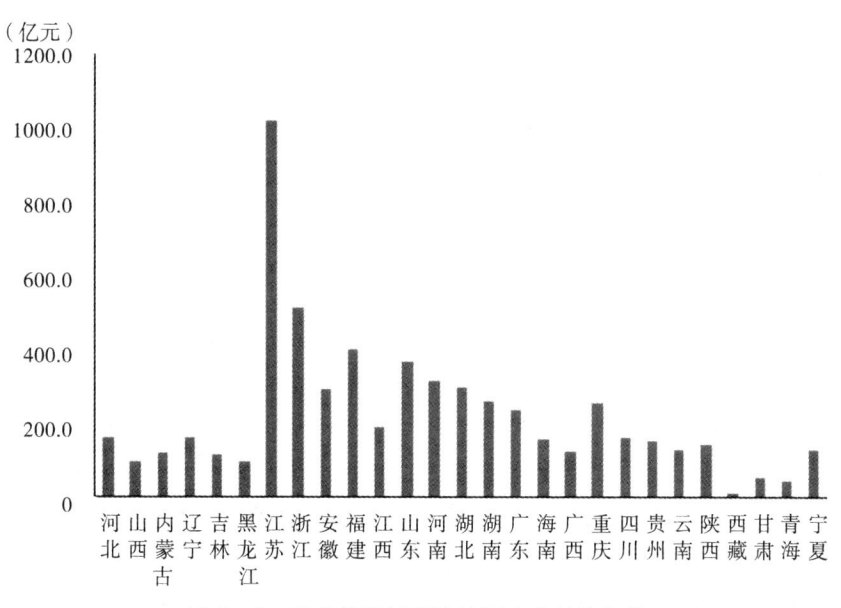

图 4-2 分省份县域平均地区生产总值规模

（二）西南地区和长江中游县域 GDP 增速较快，西北及东北地区县域经济规模偏小且经济增长乏力

2013—2019 年，1865 个县域地区生产总值名义增速平均值为6.8%，东部、中部、西部和东北四大区域县域增速平均值分别为5.8%、8.4%、8.2%和-3.5%。其中，地区生产总值负增长（部分系统计数据调整）的县域达到269个，大于10%的则有627个，大于15%的也有110个。其中，贵州、西藏、重庆、云南、安徽和福建县域经济增速平均值都超过10.0%，而辽宁、吉林和内蒙古县域经济则出现负增长。图4-3描述了2013—2019年分省份样本县域地区生产总值名义增速平均值情况。

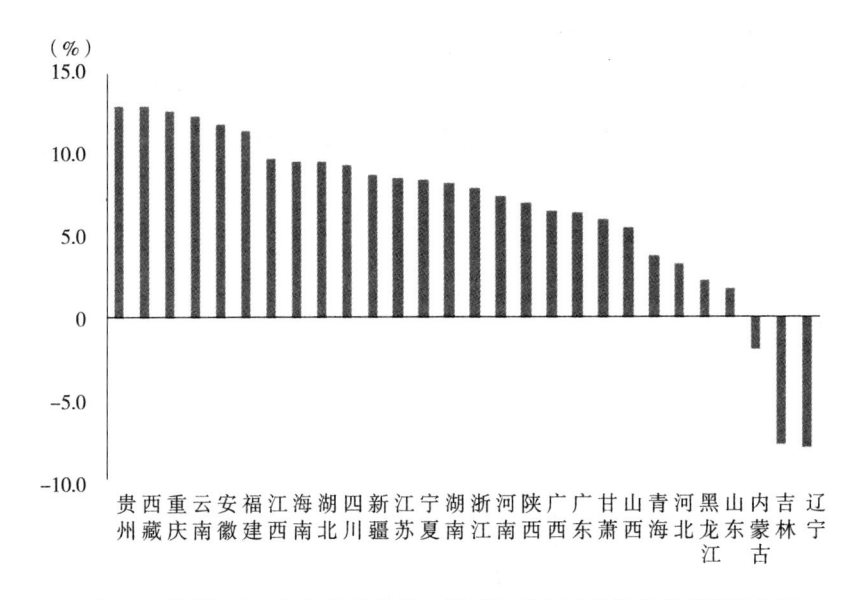

图4-3　2013—2019年分省份样本县域地区生产总值名义增速平均值

36个GDP超过千亿的县域经济增速平均值仍达9.1%，但761个GDP不足百亿的县域经济增速平均值只有6.9%。另外，由图4-3也可知，重庆、云南和贵州等西南地区，以及安徽、江西和湖北等长江中游地区县域经济也保持了较高的增速，这表明长江中游和西南地区县域经济发展情况较好。但青海、甘肃、吉林和黑龙江等西北及东北地区县域不仅经济规模普遍偏小，而且经济增长也相对乏力。

(三) 沿海发达地区和资源型地区人均GDP较高,西北地区部分县域发展水平偏低

2019年,1779个样本县域人均GDP①平均值达到48566.8元,东部、中部、西部和东北地区人均GDP分别为59709.3元、48512.4元、44379.6元和37447元。在各省份中,江苏县域人均GDP超过了100000元;福建、浙江、内蒙古和陕西也较高;广西县域人均GDP平均值最低,只有30740.3元;其次是甘肃,只有31630.9元。图4-4描述了2019年分省份样本县域人均GDP情况。其中,人均GDP不足20000元的县域仍有86个,20000—30000元的县域也有350个,另有110个县域人均GDP超过100000元。

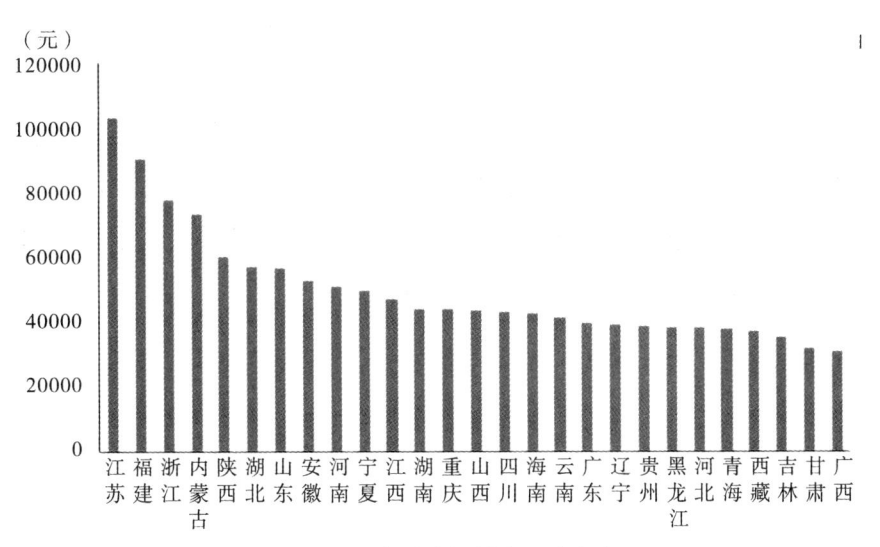

图4-4 2019年分省份样本县域人均GDP

(四) 人口稠密或产业发展乏力县域人口外流严重,经济发达和中心城市近郊区县域人口流入较多

由于半城镇化的存在,人户分离在很大程度上可以体现一

---

① 由于数据可得性,1779个样本县域不含新疆县域,并使用2020年第七次人口普查数据为基数计算2019年人均GDP。

个地区的人口流动状况。由于数据可得性，主要根据 2020 年常住人口数据与 2019 年户籍人口进行比较，观察 1779 个样本县域人口的流出情况。经计算，全部样本县域常住人口相当于户籍人口的 85.4%，意味着 14.6% 的户籍人口流失。东北和中部地区县域人口外流最为明显，这一比值分别为 79.9% 和 82.0%，东部和西部地区人口流出相对较少，这一比值分别为 89.6% 和 86.4%。

分省份看，浙江和西藏县域外来人口流入较多，常住人口超过了户籍人口，青海、江苏和云南这一数值也较高，而重庆、贵州、广东县域常住人口明显低于户籍人口（见图 4-5）。青海主要是因为可以转移的农业人口较少，云南外出务工人员比重偏低，广东发达县域大多已划成市区，而样本县域因发展相对不足而成为劳务输出地。样本县域中，有 9 个县域常住人口不足户籍人口的 50%，有 169 个县域不足 70%，人口流失较为严重；有 192 个县域常住人口超过户籍人口，其中有 30 个县域常住人口超过户籍人口 1.5 倍，多位于经济发达区域或者中心城市近郊区。

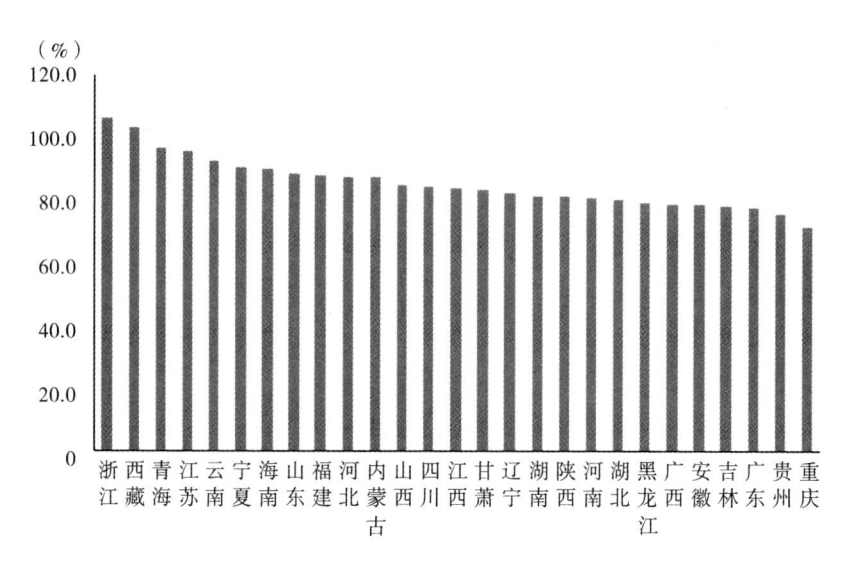

图 4-5 2019 年分省份样本县域常住人口占户籍人口的比重

二 中国县域空间区域差异的测度

县域是国民经济的基层单元，县域之间差异是中国空间差异的一个重要方面。为了更全面地观察中国区域差异的变化情况，笔者根据中国社会科学院财经战略研究院历年发布的《中国县域经济发展报告》选择 350 个县域经济体作为考察对象，这 350 个县域经济体的省域分布见图 4-6。

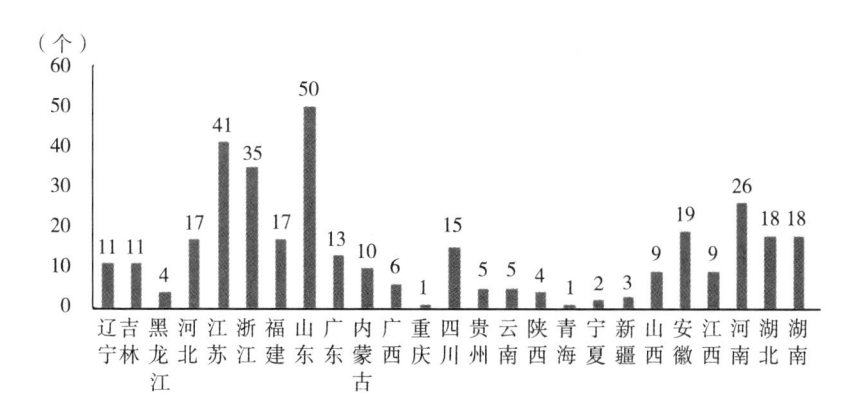

图 4-6 350 县域经济体的省域分布状况

为了更全面地反映中国乃至各地区内部近年县域差异程度的变化情况，笔者选择了泰尔指数作为测度方法。泰尔指数事实上是一种广义熵（Generalized Entropy，GE）指数，是由泰尔提出并扩展。

泰尔指数的公式如下：

$$T = \sum_{i}^{n} y_i \ln(y_i / p_i) \qquad (4-1)$$

式 4-1 中，T 为泰尔指数；n 为某尺度对应单元总数；y_i 为 i 单元 GDP 等变量值占全区域相应数值的比重；p_i 为 i 单元人口等变量值占全区域人口的比重。T 指数越大，表明总体区域差异越大，反之则越小。

中国的区域差异既存在省际差距、省内差距，又存在城市之间的发展差距和城乡差距等。泰尔指数的特殊意义在于该指标能将总体的区域差异分解成不同空间尺度的内部差异和外部差异。T 指数的组间差异和组内差异的分解如下：

$$T = T_b + T_w = \sum_i^n y_i \ln y_i/p_i + \sum_i^n y_i \sum_j^{m_i} y_{ij} \ln(y_{ij}/p_{ij})$$

（4-2）

其中，y_{ij} 是 j 单元 GDP 等变量值占 i 单元相应变量值的比重，p_{ij} 是 j 单元人口等变量值占 i 单元的比重，n 为全尺度对应单元总数；m_i 为 i 单元包含的次单元总数。式（4-2）是 T 指数的一阶分解，二阶分解的方法以此类推。例如，东部、中部、西部三大区域的划分可以作为一阶分解，三大区域内部各省的划分可以作为二阶分解。

（一）经济规模差异总体缩小，区域间差异略有增加

县域经济规模总体差异和区域内差异缩小，但是区域间差异略有加大。图 4-7 描述了 2014—2018 年县域 GDP 差异泰尔指数分解结果。由于只将 350 样本直接划属于四大区域，总体差异泰尔指数经分解后，区域内差异成为总体差异的主要部分，区域间差距所占比重非常小，从而区域内差异基本上决定了总体差异的走势。从图 4-7 不难看出，县域经济规模总体差异和区域内差异总体呈现逐渐缩小的趋势，只在 2018 年略有回升，而区域间差异从 2016 年起就呈现逐年上升趋势，2018 年区域间差异泰尔指数已经明显高于 2014 年。县域经济规模差异与全国以地区为单位进行的经济规模差异泰尔指数总体上升有所不同。

东部地区内部差异对总体贡献度逐年增大，东北地区则逐年下降。2018 年，东部地区经济规模内部差异占总体差异的比重达到 54.1%，比 2014 年提高 4.9 个百分点，而中部地区、西部地区

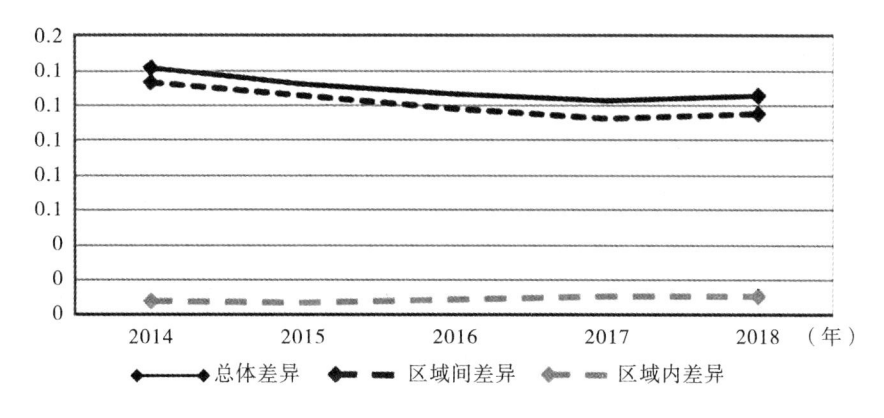

图 4-7 2014—2018 年县域 GDP 差异泰尔指数分解结果

和东部地区经济规模内部差异占总体差异的比重都有所下降，特别是东北地区，呈现出逐年下降的趋势。图 4-8 描述了 2014—2018 年四大区域县域经济规模差异对总体差异的贡献度。

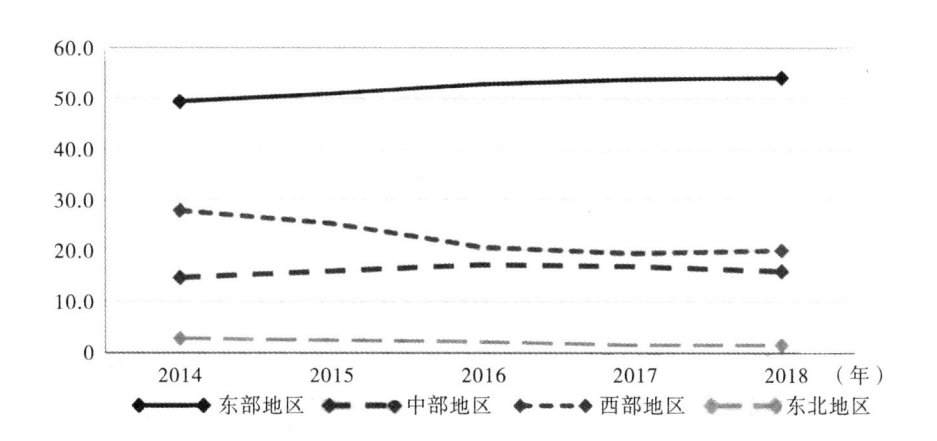

图 4-8 2014—2018 年四大区域县域经济规模差异对总差异的贡献度

（二）公共财政支出差异下降，公共财政收入差异略升

县域公共财政支出总体差异显著下降，公共财政收入总体差异有所上升。相对 2014 年，2018 年县域公共财政支出总体差异泰尔指数为 0.0688，下降幅度达到 33.7%；反观县域公共财政收入，同期总体差异泰尔指数则上升了 14.4%，达到 0.2480。同时，从二者

泰尔指数的绝对值也可看出，公共财政收入总体差异程度也远高于公共财政支出。县域公共财政收支的区域间差异的变化也反差较大，2018年县域公共财政支出区域间差异泰尔指数下降了53.9%，而公共财政收入区域间差异泰尔指数则上升了97.3%。同时，从绝对值看，县域公共财政收入区域间差异与公共财政支出区域间差异相比，较总体差异情形下更为巨大。图4-9描述了2014—2018年县域公共财政收支差异泰尔指数分解结果。

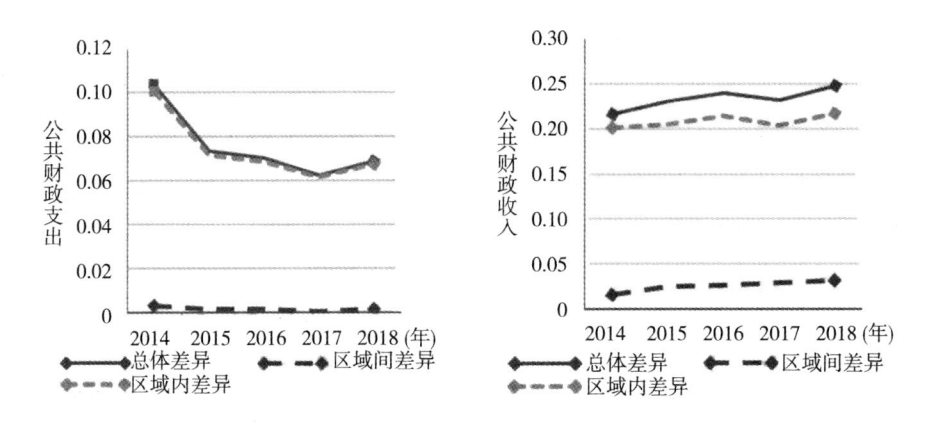

图4-9 2014—2018年县域公共财政收支差异泰尔指数分解结果

东部地区公共财政支出内部差异贡献度趋于降低，公共财政收入内部差异贡献度则趋于上升，其他区域与之相反。2018年，东部地区公共财政支出内部差异占总体差异的比重为53.9%，比2014年降低6.3个百分点，中部地区这一比重则提高6.2个百分点，东北地区和西部地区也略有提高；同年，东部地区公共财政收入内部差异占总体差异的比重为55.6%，比2014年提高6.5个百分点，西部地区、中部地区和东北地区这一比重则分别降低5.9个百分点、4.5个百分点和1.4个百分点。图4-10描述了2014—2018年四大区域县域公共财政收支差异对总体差异的贡献度情况。

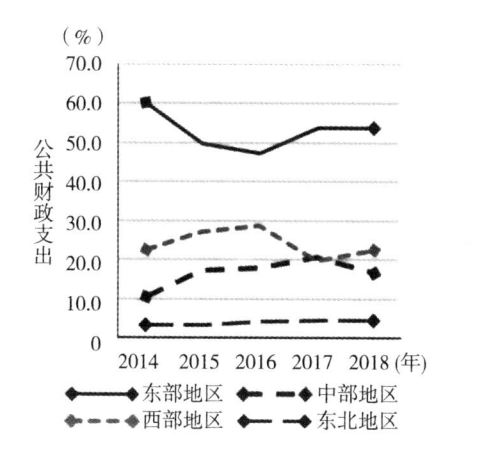

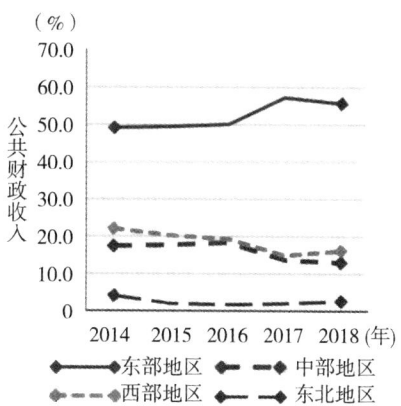

图 4-10 2014—2018 年四大区域县域公共财政收支差异对总体差异的贡献度

（三）农村居民收入差异相对较小，城乡居民收入差异都有所缩小

县域城镇和农村居民收入总体差异趋于缩小，农村居民收入区域间差异明显小于城镇居民收入差异。2018 年县域城镇和农村居民收入总体差异泰尔指数分别为 0.1254 和 0.1278，都比 2014 年有所降低。无论是城镇居民收入还是农村居民收入，区域间差异泰尔指数值都很小，但是比较而言，农村居民收入的区域间差异泰尔指数值仍然显著小于城镇居民收入，表明各区域间农村居民收入差异相对较小，而城镇居民收入差异较大。不过，无论是农村居民收入还是城镇居民收入，区域间差异也都呈现缩小趋势。表 4-1 描述了 2014—2018 年县域城镇和农村居民收入差异的泰尔指数分解结果。

表 4-1 2014—2018 年县域城镇和农村居民收入差异的泰尔指数分解结果

		2014	2015	2016	2017	2018
城镇居民收入	总体差异	0.1317	0.1271	0.1261	0.1261	0.1254
	区域间差异	0.0050	0.0036	0.0037	0.0039	0.0036
	区域内差异	0.1267	0.1235	0.1224	0.1222	0.1217

续表

		2014	2015	2016	2017	2018
农村居民收入	总体差异	0.1309	0.1299	0.1284	0.1299	0.1278
	区域间差异	0.0008	0.0004	0.0005	0.0007	0.0007
	区域内差异	0.1301	0.1295	0.1278	0.1292	0.1270

东部地区县域城镇和农村居民收入内部差异都显著扩大，西部地区城镇和农村居民收入内部差异则显著缩小。东北地区县域农村居民收入内部差异也呈现扩大之势，但是城镇居民收入内部差异则有所缩小。中部地区县域城镇和农村居民收入内部差异也都有所缩小。图4-11描述了2014—2018年四大区域县域居民收入差异对总体差异的贡献度。由图4-11，泰尔指数值经分解后，东部地区县域城镇居民收入内部差异占总体差异的比重由2014年的44.8%提高到49.5%，而同期农村居民收入内部差异所占比重也由42.7%提高到49.9%；西部地区县域城镇居民收入内部差异占总体差异的比重由2014年的29.1%降低到25.4%，而同期农村居民收入内部差异所占比重则由32.1%降低到25.4%。

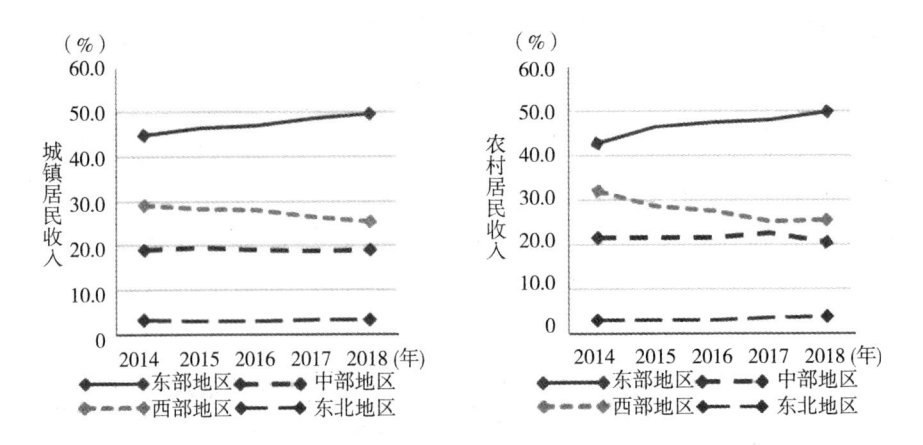

图4-11 2014—2018年四大区域县域居民收入差异对总体差异的贡献度

三 中国县域经济差异存在的问题

中国县域经济差异形成的原因比较复杂，包括区位条件、资源禀赋、产业基础、市场环境、政策体制和生产力布局等多方面。县域经济差异过大，容易带来一系列的问题，特别是对城乡融合发展也会产生不利影响。

（一）产业过度集中，将使其他县域经济发展受到抑制

在市场容量一定的情况下，产业过度集中于某些区域或县域，其他县域受其影响将很难形成一定规模的产业集中或集聚，竞争格局一旦确定，依靠县域自身又很难有效改变现状，很多县域甚至将形成"产业塌陷"，对于区域均衡发展极为不利。

（二）县域经济差异过大将导致产业布局与承载能力的严重不匹配

在县域经济差异不断扩大的情况下，一部分县域产业过度集中，而另一部分县域产业形成"塌陷"，这种反差将会导致承载力的空间分配不合理。一方面，政策或市场形成的产业过度集中的县域，也将面临土地空间紧张、生活生产成本高涨的问题；另一方面，大量具有资源承载能力的县域，由于产业发展不充分，发展潜力无法有效发挥，造成资源的浪费。产业布局与承载能力严重不匹配所带来的不利影响，不仅会抵消产业集中所带来的规模集聚效应，还会带来额外的资源错配成本。

（三）县域差异较大影响部分县域城乡融合进程

发展落后的县域，难以提供足够的就业机会，造成人口不断外流，空心村现象将日益严重，乡村疏密的人口导致规模不经济效应增强，将进一步加大基础设施和公共服务设施的提供

成本。同时，由于缺乏足够的产业支撑，县域财政收入能力也将变得更加薄弱，无法在城乡融合进程中提供足够的资金支持，严重影响城乡融合进程。

四 中国县域经济差异的变化趋势

（一）强者恒强产业不断升级，弱者更弱产业集聚能力持续下降

较为发达的县域，产业链更完善，规模经济更显著，科教中心距离更短，政府服务更有效率，虽然土地空间约束也更强，但是通过产业升级和内涵化发展，县域经济仍然具有较强的增长动力。反观发展严重滞后的县域，产业基础、财政基础和人才基础薄弱，距离发达经济区或中心城市又较远，甚至气候也不适宜居住，人口将不断流出，现有产业体系的维持可能都会变得困难，从长期来说竞争地位还将进一步弱化。

（二）县域经济分化加剧，经济中心周边县域将持续保持快增长

与发达县域和落后县域相比，更多的县域发展位于中间水平，这些县域将面临更大程度的分化。发达经济区（带）周边和大都市近郊区的县域最具有发展潜力，在县域经济竞争中将继续维持领跑地位。华北平原、江汉平原等人口稠密的平原县域，由于历史的原因人口众多，仍然会呈现人口净流出。但是，国内大循环为主体的格局变化，使其区位优势有所凸显，同时交通条件不断改善，对产业的吸引力有所上升，工业将保持稳定增长，只是服务业可能由于人口的继续外流而受到削弱。除了个别区位条件较好的县域，大部分山区县域由于人口相对较少，交通条件不便，除生态旅游产业具有一定基础外，产业集聚仍然存在困难。

第五章　中国县域城乡融合现状、问题和趋势

一　中国县域城乡融合现状

（一）区域城乡融合进程不均衡，总体仍处于试点阶段

除大城市近郊区外，江浙等经济发达地区城乡融合推进程度较高，其他地区县域城乡融合推进较为缓慢，体制机制探索试点、乡村振兴示范点建设成为各地推动城乡融合的主要着力点，与城乡融合发展相关的体制机制改革还远没有完成，大部分乡村只是解决了最基本的基础设施和公共服务设施的短缺问题，但质量和水平与县城仍然存在着显著差距。

城乡基础设施和公共服务发展不平衡的特征仍然显著。在基础设施建设方面，城市基础设施建设较为齐全，农村不仅公共基础设施相对落后，而且公共事业发展滞后，居民生产生活条件也较差。在管理和维护方面，城市有完备的管理体系，有专门单位进行维护管理，而农村则相对欠缺。同时，教育资源的城乡分配相对不平衡，城乡居民的医疗保障和卫生服务水平有一定差距，而社会保障城乡之间无论规模还是水平也有较大差距。

（二）城乡收入相对差距在逐渐缩小，但绝对差异依然较大

2020年中国城乡居民人均收入比率却高达2.56，中国县域城乡居民收入比率也较高。2020年400样本县（市）城镇居民

可支配收入与农村居民人均可支配收入比率为 1.91，虽比上年降低 0.06，但之所以降幅较大主要是因为城镇居民人均可支配收入平均增速放缓的缘故。四大区域中，东部、中部、西部和东北地区样本县（市）城乡收入比率平均值分别为 1.88、1.88、2.10 和 1.67。不得不说，城镇化存在一定程度的过滤效应，可获得高收入工作的居民大都进城落户了，缺乏高收入工作能力的居民往往被留在农村，而农村缺少足够的工作机会进一步加剧了这一效应。表 5-1 进一步基于全国 335 个城市或地区数据，描述了 2014—2019 年城乡收入比变化情况。

表 5-1　　　　　　2014—2019 年中国各区域城乡收入比

	2014	2015	2016	2017	2018	2019
东部地区	2.05	2.15	2.04	2.03	2.01	1.96
中部地区	2.08	2.06	2.05	2.04	2.02	1.99
西部地区	2.69	2.66	2.62	2.60	2.57	2.52
东北地区	2.29	2.27	2.26	2.25	2.23	2.21
全国平均值	2.33	2.33	2.29	2.28	2.26	2.22
最大值	4.97	4.71	4.67	4.63	4.30	3.95
最小值	1.44	1.40	1.36	1.37	1.31	1.29

二　中国县域城乡融合发展的问题

（一）乡村人口持续减少，增加了城乡空间规划的难度

第七次全国人口普查结果显示，2010—2020 年乡村人口降幅达 24.4%，减少总数超过 1.6 亿，全国乡村人口占比已降至 36.11%，部分地区乡村人口减少更为严重。乡村人口过度减少导致的村庄"空心化"现象严重，所带来的问题也是显而易见的，不仅因缺乏规模效应而使基础设施和公共服务的提供成本大幅上升，而且使传统风俗习惯及诸多非物质文化遗产失去传

承基础，对中华文明的继承和发展极为不利。同时，户籍和人口的大比例分离，进一步加大了农村宅基地整合的难度。这些对于促进城乡融合发展、重新构建新型城乡空间带来了诸多不确定性和更大压力。

（二）稳定的要素投入机制尚不完善，影响城乡融合效率

推进城乡融合发展的稳定资金投入机制尚未建立。乡村发展过度依赖财政专项资金，土地出让金、政府债务资金等用于乡村发展的比例较低，农业总投入增长幅度相对较小。由于缺乏有效的激励约束机制，产业发展不确定性风险大，金融资本和社会资本对乡村产业缺乏投资意愿。乡村振兴中还存在资金、项目分散，合力不够的问题。"三块地"改革阻力重重，重整土地过多用于增加城市建设指标，严格的"一户一宅"制度削弱了农民宅基地流转意愿，乡村建设用地集合应用程度偏低，同时农业设施用地建设标准低、审批手续繁杂，都导致乡村产业发展和公益设施用地需求难以得到满足。

（三）乡村发展所需人才匮乏，相关产业发展受到抑制

乡村发展的根本是产业，传统耕作方式下的农业接近消亡，现代化农业、文旅融合产业、电商行业、市场化的合作社和农业公司逐渐兴起，可以有效推进城乡产业融合。但是，这些产业需要在发展中植入大量优秀人才，特别是专业技术人才、电子商务人才、市场营销人才和企业管理人才，相较城市，农村仍然存在基础设施差、公共服务不足、经济不发达等短板，青年人才缺乏严重，人才引入遭遇阻力，产业发展缺乏人才支撑，产业振兴由此受到较大抑制。

（四）农村内生发展动力难以有效释放，增收存在困难

大部分农村农业产品优势不明显，产业档次水平不高，优势潜力没有充分挖掘出来,难以获得超额收益。农村的一些龙头企业,也存在着规模小、发展慢等问题,产品加工深度不够,加工转化率和增值率低,在其中就业的村民劳务收入也相应难以提高。部分农村区域内经营比较好的龙头企业,自身或许可以获得较多收入,但是村民并没有被真正带动起来,村民内生发展动力并没有被有效激发,区域内种植结构和经营方式仍然限于传统模式,收入自然无法大幅提高。

(五)中心城市虹吸效应过强,削弱县域城乡融合实力

中心城市的虹吸效应对邻近县域发展形成较大制约作用,削弱了县域推进城乡融合的实力。中心城市人口规模更大,消费能力较强,覆盖范围较广的选购性和高档次产品更为丰富,同时产业门类齐全,商务环境也更为优越,对所辖县域特别是邻近县域的消费和商务活动将产生显著的虹吸效应,使本来发展不足的县域商务和商业环境更趋于恶化,并一定程度上抑制了外部厂商对其制造业等产业的投资活动。虽然中心城市对邻近县域也有一定的辐射效应,例如可以更加方便地享用中心城市的对外交通枢纽,甚至可以享用部分质量更高的公共服务,但是由于大部分中等规模的中心城市产业发展并不充分,制造业而不是现代服务业仍然是其发展重点,这将与邻近县域形成直接竞争关系,从而弱化了辐射效应,削弱了县域推进城乡融合的实力。

三 中国县域城乡融合的趋势

(一)城乡融合的政策支点越来越坚实

城乡融合是一个长期发展战略目标,它的实现需要诸多领域的协调推进,离不开体制改革和相关政策的支持。当前,公共服务均等化、乡村振兴、美丽乡村建设、数字乡村建设等多

领域都在相关政策引导下稳步推进，正逐步汇成一股合力，对城乡融合的推动越来越快。

（二）城乡融合发展的领域越来越开阔

全域旅游、一二三产业融合、电商下乡、生态保护建设、乡村社区化等，受到全国各地区的重视，都在全力推进中。越来越多的先进县域在城乡融合方面取得了显著成就，并发挥着重要的典型示范作用。在其他县域，城乡融合固然存在点式发展特征，但这种融合点却越来越多，最终也可能会形成重要突破，有效推动城乡融合进程。

（三）人口减少将给城乡融合带来不确定性

一方面，许多县域人口将不断减少，这给城乡融合带来一定的不确定性。人口的减少会减轻乡村建设压力，土地空间更加充裕，村庄撤并工作更易推进。另一方面，人口的减少将进一步增加乡村公共服务设施和基础设施的人均投资成本，投资效率会有所下降。同时，人口的持续减少可能会对县域经济造成不利影响，并削弱县域推进城乡融合的能力。

四 县域发展对城乡融合发展的重要作用

县域是乡村的主要空间载体，因而是城乡融合的主战场。另外，县域经济发展相对脆弱，支持城乡融合发展的能力较为有限，因而也是城乡融合发展的难点。判断中国城乡融合推进得如何，不是看个别市辖区城乡融合的进展良好与否，而应该将广大县域城乡融合的实际推进情况作为参考依据。县域经济的充分发展，是城乡融合发展目标最终得以实现的基本保证。

（一）县域经济发展可以为城市和乡村提供更多的就业机会

就业机会的多寡将最终决定一个区域人口的承载能力，并显著影响乡村人口的收入水平。只有县域经济充分发展，县城才能繁荣，乡村才能富庶，城乡才有融合的基础。人口的过度减少、收入水平的低下，将使城乡融合成本增加，难度也会大幅提高。

（二）县域经济发展可以为城乡产业融合提供更多的要素保障

县域经济较有活力的区域，高技能素质的人才储备丰富，各种类型的资本或资金活跃，产业间关联度高、聚合能力强，包括农业在内的乡村产业可以获得更多投资机会，一二三产业融合发展的潜力将显著增加。

（三）县域经济发展可以为城乡融合提供更多的财政支撑

城乡融合发展需要对乡村进行更大规模的投资，其中相当一部分投资必须依赖地方财政拨款或财政补贴，县域经济发展滞后，将使地方财政捉襟见肘，甚至沦为"吃饭"财政，没有余力推进城乡融合。而地方财政的多寡，取决于当地经济发展的情况。只有足够的经济规模和较高比重的高端产业，才能奠定较为雄厚的财政基础。

（四）经济发展将使县城作为城乡融合枢纽的功能大为加强

县城不仅是城市与乡村融合发展的核心，也是乡村与乡村交往的纽带，在县域城乡融合发展中起到中枢的作用。只有经济充分发展，县城作为行政服务中心、公共服务中心、商业消费中心和交通中心的功能才会充分发挥。

五 县域消费对城乡融合发展的作用

固然产业发展对于县域具有重要意义，是县域赖以参与更大区域范围专业化分工的重要领域，但在长期，县域作为消费基地的作用同样不可忽视。这是因为县域在发展旅游休闲和养老康健方面具有大中城市不可比拟的优势，将为县域带来持久的消费动力。而在近期，虽然消费可能由于人口流失而难以大幅增长，但是随着乡村居民收入的提高，县域消费仍能维持较大规模，特别是消费持续升级，将带动大宗消费品的购买。

（一）农村居民边际消费率上升促进消费需求释放

城市居民边际消费率稳步下降，但农村居民边际消费率有所上升，消费需求过快释放。尽管农村居民收入增长较快，城乡收入差距呈现缩小趋势，但与经济理论中边际消费率递减的规律相悖，农村居民边际消费率并没有呈现与城市居民边际消费率相同的下降趋势，而是出现了较快上升。2013年，城乡居民人均生活消费支出占其可支配收入的比重分别为69.85%和79.38%，2020年分别为61.6%和80.1%，2021年则分别为64.0%和84.1%。从消费结构看，农村居民医疗保健支出、交通通信支出和居住支出增长最快，都超过人均收入增速，是导致居民边际消费率有所上升的主要方面。2013—2021年城镇家庭恩格尔系数下降1.5个百分点，而农村家庭恩格尔系数下降1.4个百分点，并没有因收入增长较快而更快下降，表明农村家庭仍处于食品支出快速增长的生活改善需求阶段。农村居民边际消费率上升主要是消费结构调整导致的。但是，农村自给自足经济成分日趋消融，生活消费方式趋向市场化，农村家庭包括老人和儿童在内的总抚养比提高更快，以及农村婚丧嫁娶费用攀升和攀比性消费增加等带有非自愿性特征的消费，也都是阻止农村居民边际消费率难以明显下降的因素。值得注意的是，1980—1988年，城镇居民人均生活消费支出占其可支配收入的比重也有所上升，这一阶段的基本特征是供给短缺逐渐缓解，需求得到极大的释放。二者性质不尽相同，但是都具有需求过快释放的特征。

（二）消费结构升级和品质提升有效带动县域消费

农村消费结构升级叠加县城居民消费品质提升，县域消费市场趋于活跃。2013—2020年，全国农村居民人均消费支出平均增速达到9.03%，比城镇高3.47个百分点。其中，农村居民非服务性消费支出平均增速达到8.17%，比城镇高3.35个百分点。尽管如此，由于农村呈现人口净流出，农村社会消费品零售总额增速并不显著快于城镇，其间平均年增速7.45%，只比城镇高不到0.1个百分点。因此，乡村消费市场的积极意义并不表现在规模的扩大上，更多表现在消费结构的升级上。2020年，农村每百户年末家用汽车拥有量（辆）、微波炉拥有量（台）、空调拥有量（台）、热水器拥有量（台）、排油烟机拥有量（台）、计算机拥有量（台）分别是城镇的58.8%、34.9%、49.3%、75.7%、37.4%、38.8%，2013—2020年平均增速分别比城镇高4.53个、3.31个、8.23个、5.02个、10.70个、4.81个百分点，这些耐用品是农村消费升级的主要方向。县城居民人均收入约为农村居民的2倍，在结构上接近全国水平，只是在商品品质上低于市辖区，县城居民消费升级方向除了会增加更多服务性消费外，消费会更加重视品质和品牌。农村家庭消费结构的升级，叠加县城家庭以品质向上为核心的消费升级，使县域消费市场趋于活跃。

（三）县域消费环境不断提升，但消费外部分流压力增大

便利性、品质化、体验感、有特色是县域消费环境提升的主要方向。总体而言，当前中国县域商业网络连锁化程度较弱，集购物、休闲、娱乐、餐饮、酒店等为一体的综合商贸中心数量较少，商业网点布局不够合理、仓储保鲜冷链物流设施水平较低，以及乡村物流配送时间较长和成本较高。另外，县域消

费市场又呈现较多新特征和新趋势。手机的日渐普及使通过电商平台网购成为县域居民的重要消费渠道。同时，收入水平的提高和消费结构升级，又催生出对商品品质和购物环境体验的强烈需求，特别是乡村旅游和乡村康养的流行，吸引了越来越多的外来消费者，他们对购物便利、品质高端、环境体验良好的特色商业同样具有很强的渴求。但是，对于县域而言，打造具有便利性、品质化、体验感和地方特色的消费环境，是一项非常艰巨的工作。网购会让一部分县域消费力外流，中心城区对县域的消费特别是高端消费还具有虹吸效应，乡村不仅分散而且购买力仍然偏弱，这些都对县域消费环境的提升形成严峻挑战。毋庸置疑，县域消费力在不断提高，消费结构在不断升级，但2020年农村家庭恩格尔系数只相当于城镇家庭2010年左右的水平，人均消费支出所占收入比重只与城镇家庭2000年左右的水平相当，县域消费潜力不能过高估计，消费市场规模仍是有限的，必须有效应对县域消费分流的挑战，才有可能实现县域消费环境的提升目标。

六 促进县域城乡融合的政策举措

（一）推动大中小城市合理分工发展，削弱中心城市增长极的虹吸效应

大中小城市需要有一定的分工，并各自承担应有的职责。但是，除了极少数特大城市因为"城市病"严重而提出疏解的发展思路外，绝大部分城市仍然沉醉于自身的做大做强，认为这样才能发挥对周边区域的带动引领作用。但问题是，它们在做大做强自身的过程中，倾向于各类产业"通吃"，如此便造成周边县域城市的产业发展不充分，其中很多沦为"睡城"或外出务工返乡置业的消费型城市，而大中城市自身也因为"过胖"而变得不宜居不宜业、空气污染、交通拥堵、房价高企，并且

增加了周边县域人们来往中心城市从事商务商业活动的时间成本和物质成本，作为中心城市的应有功能受到严重抑制。大中城市适合发展贸易、金融、科技研发甚至科技制造等产业，而大部分制造业更适合在小城市布局，只有这样才能做到区域协同发展，避免区域内差异过大。

（二）城乡融合应重视城乡产业布局和人口结构、数量的统一规划

城乡融合需要提前做规划，即在尊重经济社会发展规律的基础上，对城乡未来发展趋势进行精准预测，并据此编制用于指导城乡建设实践的纲领性文件。美国和日本农业人口占比分别约为2%和3%。目前中国农业就业人口比重仍然高达25%。对比来说，作为人口大国，中国劳动力成本从长期看将会显著低于美国和日本，在蔬菜、水果等行业具有较强生产优势，产品或内销或出口，从而可以吸纳更多农业人口。但工业化和农业现代化完成后，中国农业人口占比也不会太高，预计最终将在5%左右。不过，乡村居住人口主体将不再是农业人口，将来在中国乡村居住的人口占全部人口的比重可能会超过15%，但应该低于25%。在不同的地区，由于交通条件、居住条件和就业条件不尽相同，其人口数量可能会落在这一区间的不同位置。在做城乡统一规划时，要根据人口和产业可能的变化趋势，区别长期和短期，合理安排宅基地用地规模，对乡村建设风格、街道布局等加强规划和引导，同时制定村庄合并规划，交通条件和居住条件好的村庄，应该作为核心村庄重点布局，促进人口适度向此集中；而对于交通和居住条件较差的村庄，也要采取措施鼓励其人口向其他村庄搬迁转移。

（三）重视发挥县域工业对人口集聚和城乡融合的推进作用

乡村服务业自身的依附性决定了其吸纳就业的脆弱性，而县域工业才是促进乡村人口域内就业的基础性行业。在现代交通工具日益发展和交通道路更趋完善的条件下，只要城镇能够提供足够的就业机会，乡村人口可以居住在乡村，但就业于城镇。工业产品的市场不局限于本地，可以覆盖更大的区域甚至全球，理论上可以突破区域局限。因此，工业在县域的布局，不仅可以直接吸纳城镇或乡村人口就业，而且可以带动人口的集聚促进城镇服务业的发展，间接吸纳城镇和乡村人口就业。就业机会的增加，也可以促进农民兼业化，提高农民的收入水平，增加农业的吸引力。从这个意义上来说，县域工业是促进乡村人口就业和乡村人口集聚的重要行业，可以有效避免乡村人口过度减少，并使乡村保持活力。尽管劳动力成本上升在一定程度上对中国工业的国际竞争力造成了影响，但由于中国人口基数大、收入层次多元化，能够有效避免劳动力成本的过度上升，同时县域自身具有土地和空间等资源优势，工业在中国县域布局将能够获得长久的竞争力，对夯实城乡融合的产业基础也将发挥重要作用。

（四）深化"三块地"改革，保障城乡融合建设用地需求

在坚持土地公有制性质不改变、耕地红线不突破、村民利益不受损的原则下，河南省长垣市等试点县（市）在"三块地"改革试点中积累了诸多有益经验，值得全国其他地区借鉴。一是扩大可取得宅基地资格的人群范围，不限于集体户籍人口，外出就业和进城落户已退出宅基地资格权者、乡村产业发展所需人才者等都可以（有偿）取得，培育宅基地市场，畅通退出和取得通道。二是实行宅基地超标准有偿使用制度，不限于一户一宅，但是对于超标准者或者一户多宅者，试行阶梯性收费，大幅增加超标准使用者成本，以提高其主动退出积极性并增加村集体收入。这些经验在尊重历史事实和坚持原则的基础上，变禁为疏，充分利用市场化机制，同时实现了公平和效率的改革目标。三是允许宅基地使用权采取多种形式跨集体流转，不限于既有用途，在不改建、不扩建的前提下，用于发展乡村旅游、新产业新业态等经营性用途。

（五）构建利益共享机制，拓展城乡融合资金多元投入渠道

城乡融合一定程度上意味着城市要反哺农村，过去立足于农业哺育城市的许多政策，特别是土地政策，应加大改革力度，通过产权边界的明晰，推进乡村资源资产化，建立"政府投入为主导、村级集体经济投入为主体、社会资本投入为主力"的"三驾马车"新机制。基础设施和公共服务的提供应主要由政府主导，通过财政支出稳定增长、专项债券发行、金融机构贷款支持和各类涉农资金整合，扩展资金来源渠道和增加资金规模。尊重村民主体地位，开展土地确权，明确资产边界，扩大集体土地和其他资源的市场化流转范围，鼓励乡村资产整合和资本化经营，不断提高农民和村级集体的乡村振兴主体地位。突出政府投入与产业发展的协同联动，发挥财政资金的杠杆作用，畅通工商资本下乡渠道，建立多元投入的融资平台，吸引社会资本的进入。通过明晰政府、企业、农民、外来务工人员等作为市场主体的利益边界，最终形成政府、企业、村民"谁投资谁受益"的利益分配与共享机制，促进多元投入不断持续增长。

第六章 中国县域金融发展现状及影响因素

一 县域金融发展的重要性

随着区域均衡发展战略、乡村振兴等成为国家战略，各地对县域经济发展的重视程度也日益提高。从空间地理上讲，县城与田野乡村紧密相连，对于乡村振兴而言，县城、县域经济充分发展的重要性更为突出。习近平总书记在刊发于《求是》2020年第21期的《国家中长期经济社会发展战略若干重大问题》一文中也特别指出，"城市单体规模不能无限扩张""要选择一批条件好的县城重点发展，加强政策引导，使之成为扩大内需的重要支撑点"。这些都表明，在新的发展阶段，县域经济在国民经济中的重要地位日趋提升。

但是，由于县域具有空间大而散、交通通信相对不便、先进科教资源缺乏、金融发展水平偏低等特点，县域经济相对城市经济存在较大的发展劣势，更需要足够力度的政策支持对冲城市过于强大的虹吸效应。特别是区域金融发展水平直接关乎资金流向，深刻影响各类资源在不同区域间的有效配置，不断缩小城市和县域之间的金融发展差距，对于县域经济充分发展具有特殊重要的战略意义。那么，当前中国城市（市辖区）和县域之间，金融发展差异程度究竟是怎样的？这种差异随着时间的流逝是扩大还是缩小的？更进一步，在不同地区甚至不同城市内部,这种差异又是如何演化的?这些问题都值得深入研究,以更好地为政策制定提供基础性指导。

二 县域金融发展水平与市辖区的比较

我们选取金融深化程度、存贷款占比和存贷比三项指标考察城区和县域之间的金融发展水平情况。由于主要考察党的十八大以来的区域金融发展情况,相关数据时期跨度为2013—2019年,并且以《中国城市统计年鉴》(2014—2020年)中各城市的全市数据和市辖区数据为准,倒算市辖县(为简化,这里也包含市辖县级市)总体数据。由于2013年以来全国范围内很多城市进行了区划调整,需要使其区、县口径统一。具体做法是,撤县改区或撤区改县的区域单元,时期跨度内统一调整为市辖区;发生管辖范围变更的,时期跨度内统一调整为现辖城市的区县。调整所需数据主要来源于历年中国县域统计年鉴、各省市统计年鉴或者区县统计公报等。剔除部分所辖没有市辖县、时期跨度内撤地设市及数据不可得的城市,最后共得到分布在26个省份268个城市的区县样本。

(一) 市辖区和县域金融深化程度差异仍然较大,但相对差距有所缩小

衡量金融深化程度的指标包含经济货币化程度、金融相关比率和金融工具多样性等。这里仅选取金融相关比率即存贷款余额占GDP的比重,衡量区县的金融深化程度。由图6-1不难看出,中国城市市辖区平均金融相关比率明显高于市辖县金融相关比率的平均水平。2019年,全国城市市辖区金融相关比率为3.57,而市辖县这一比率只有2.07。不过,无论是市辖区还是市辖县,金融相关比率都呈现明显上升趋势。同时,2013年市辖区金融相关比率是市辖县的1.86倍,2019年已经下降至

1.72倍,二者的相对差异程度也略有缩小。

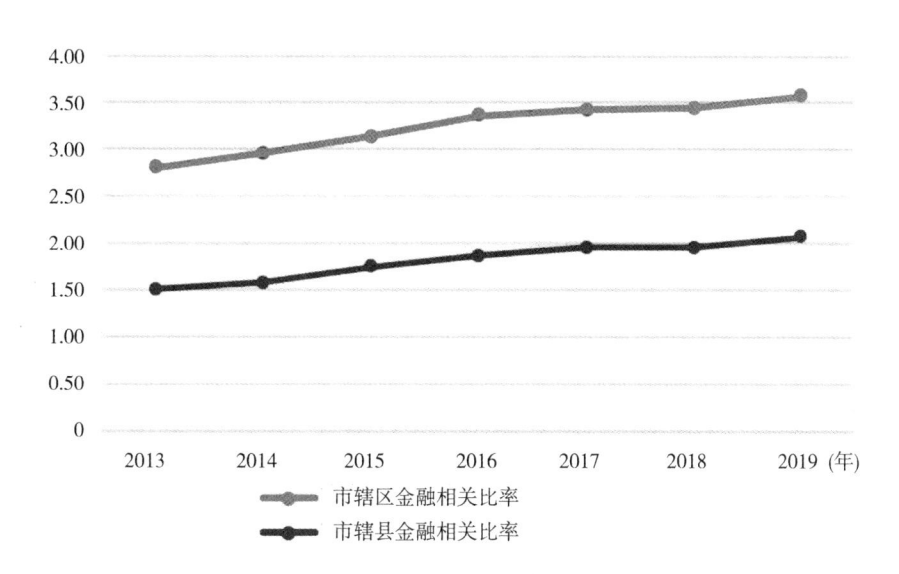

图6-1 中国城市市辖区与市辖县金融相关比率变化趋势比较

分地区来看,2019年,东北地区无论是市辖区还是市辖县金融相关比率都最高,分别达5.03和2.62,西部、东部和中部地区市辖区金融相关比率分别为3.47、3.33和3.25,中部地区市辖县金融相关比率最低,只有1.79,而东部和西部地区分别为2.11和2.07(见图6-2)。不过,2013年东北地区市辖区和市辖县金融相关比率却最低,这主要是由于东北地区区、县GDP不仅遭遇大幅统计性下调,而且增速也相对缓慢,最终推动金融相关比率快速升高,并不是真正意义上的金融深化速度加快。

中国市辖区和市辖县金融相关比率差异较大的主要原因,并不是GDP规模差异造成的,而是存贷款规模导致的。2019年,中国市辖区平均GDP规模只是市辖县平均规模的1.14倍,而存贷款余额平均规模前者是后者的2.22倍,贷款余额之比更是高达2.66。2013—2019年,中国市辖区与市辖县金融相关比率相对差异程度略有缩小,系由二者GDP规模之比增大与存贷

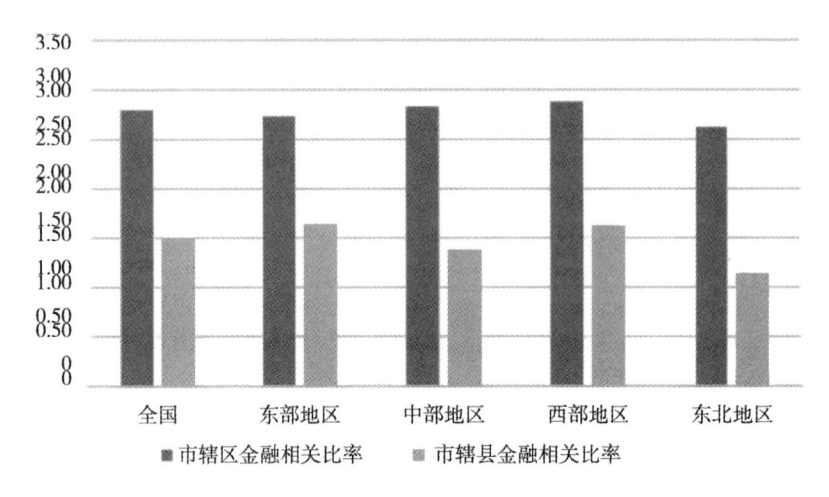

图 6-2 2019年中国分地区市辖区与市辖县金融相关比率比较

款余额之比减小共同所致,但主要还是由市辖区 GDP 增速明显超过市辖县 GDP 增速所导致的。

(二) 县域存贷款总体占比略有提高,只有东部地区县域存贷款占比略有下降

这里采用两类存贷款观察市辖县存贷款余额占区、县全部存贷款余额的比重。一类是先计算全国或某地区范围内市辖县存贷款余额之和,再计算其占全国或某地区范围内区、县存贷款余额总和的比重,即总和概念上的存贷款占比。另一类是先计算各市辖县占全市存贷款余额的比重,然后求全部市辖县的平均值,即均值概念上的存贷款占比。

从图 6-3 不难看出,总体上说市辖县存贷款占比相对偏低,特别是总和概念上的存贷款占比更是如此,2019 年只有 31.01%,平均概念上的存贷款占比略高,但也只有 42.57%。分地区看,中部地区市辖县存贷款占比在四大区域中是最高的,东北地区则最低。不过,从全国范围看,2019 年市辖县存贷款占比相比 2013 年仍然略有提高,只有东部地区市辖县存贷款占比略有下降。

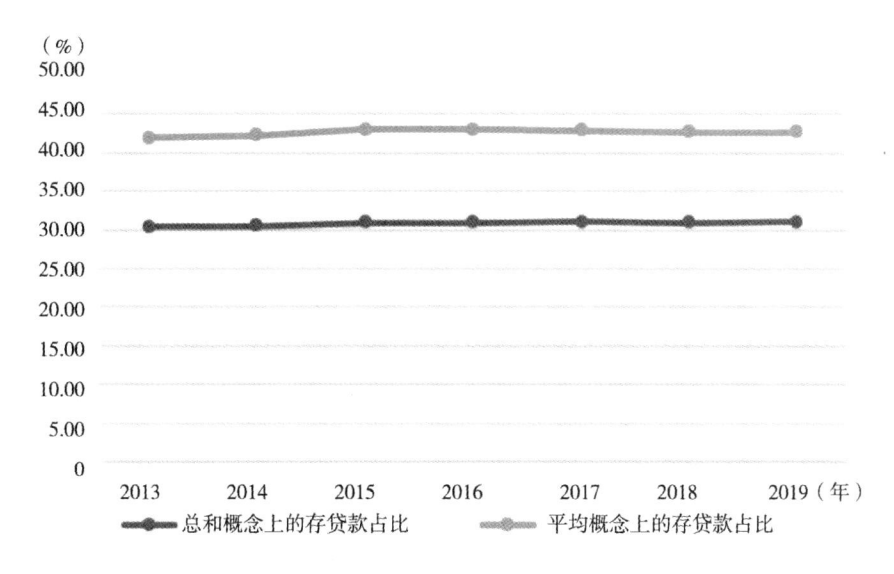

图6-3 中国市辖县存贷款占比情况及变化趋势

（三）县域存贷比仍然偏低，但是提升速度较快

存贷比通常指一个地区的贷款—存款比率，可以反映该地区金融资源筹集和利用能力。由图6-4不难看出，2013—2019年市辖区存贷比显著高于市辖县，同时，尽管二者存贷比都呈现增加趋势，但是市辖县存贷比提升速度明显低于市辖区。2019年，中国人民银行公布的全国存贷比为0.79，全部样本城市存贷比平均值为0.75，其中，市辖区达到0.82，而市辖县只有0.66。

2019年，东部地区市辖区和市辖县存贷比最高，分别达到0.86和0.70，西部地区则分别为0.84和0.69。相较而言，东北地区市辖区存贷比最低，只有0.70，而中部地区市辖区存贷比最低，只有0.60。东部地区和西部地区金融发展程度要显著好于中部地区和东北地区。

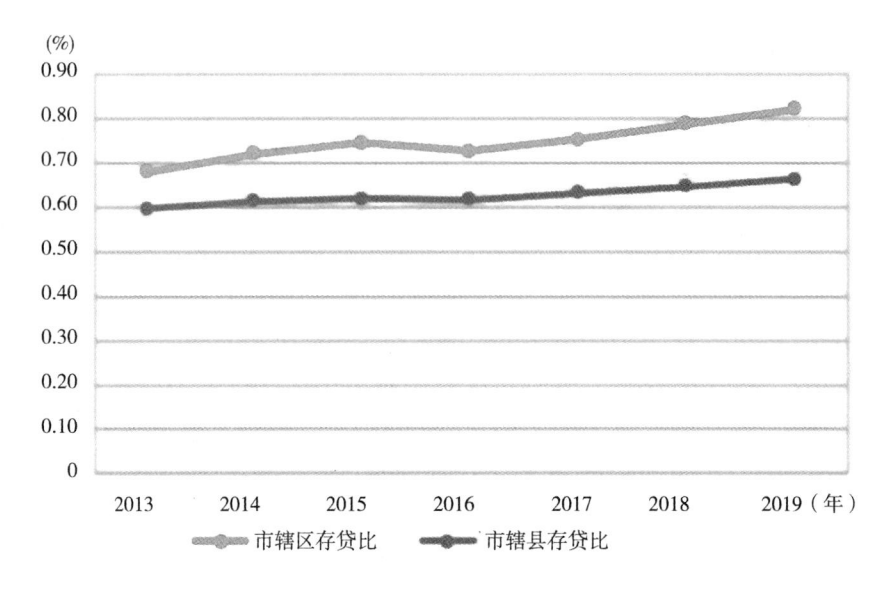

图 6-4 2013—2019 年市辖区与市辖县存贷比情况

三 县域金融发展区间差异与市辖区的比较

上文就市辖区和县域金融发展水平进行了初步比较。但是，市辖区金融发展水平的区间差异以及县域金融发展水平的区间差异究竟如何，仍然需要进行定量的测度分析。为了进一步考察各地区金融发展水平的区间差异，这里仍然选择泰尔指数作为测度方法。

表 6-1 列明了全国样本城市市辖区和市辖县存贷款余额差异泰尔指数计算及分解结果。2019 年，根据计算结果，衡量市辖县存贷款余额的总体差异的泰尔指数为 0.0586，比市辖区的 0.0758 略小。但是，衡量市辖县存贷款余额东部、中部、西部和东北地区四大区域间差异的泰尔指数达到 0.0073，明显大于市辖区的 0.0004；同时区域内省间差异泰尔指数达 0.0260，也大于市辖区的 0.0208。事实上，市辖县存贷款余额省内差异泰尔指数只有 0.0253，甚至不及市辖区省内差异泰尔指数的 1/2，

是导致其总体差异泰尔指数较小的主要原因。由此不难推知，同区域或邻近区域的县域经济体金融发展水平相差无几，更大差异还是存在于不同区域或者不同省份之间。相比之下，由于省内城市的等级差异较大，省内不同城市的市辖区金融发展水平相差较大，反而是区域间或省间差异相对较小。2019年，市辖县存贷款余额东部地区省内差异最大，西部和中部地区次之，东北地区最小；市辖区存贷款余额也是东部地区省内差异最大，但中部地区省内差异大于西部地区，同样东北地区也最小。

表6-1　市辖区和市辖县存贷款余额差异泰尔指数比较

年份	区域	泰尔指数（市辖区）值	贡献度（%）	泰尔指数（市辖县）值	贡献度（%）
2013年	省内差异	0.0664	68.31	0.0306	39.08
	其中：东部地区	0.0262	26.95	0.0133	16.99
	中部地区	0.0184	18.93	0.0077	9.83
	西部地区	0.0117	12.04	0.0068	8.68
	东北地区	0.0101	10.39	0.0028	3.58
	区域内省间差异	0.0246	25.31	0.0338	43.17
	四大区域间差异	0.0062	6.38	0.0139	17.75
	总体差异	0.0972	100.00	0.0783	100.00
2019年	省内差异	0.0546	72.03	0.0253	43.17
	其中：东部地区	0.0234	30.87	0.0093	15.87
	中部地区	0.0145	19.13	0.0056	9.56
	西部地区	0.0085	11.21	0.0083	14.16
	东北地区	0.0082	10.82	0.0021	3.58
	区域内省间差异	0.0208	27.44	0.0260	44.37
	四大区域间差异	0.0004	0.53	0.0073	12.46
	总体差异	0.0758	100.00	0.0586	100.00

相比2013年，2019年无论是市辖区还是市辖县，总体差异泰尔指数都明显变小，表明各地金融发展水平发展更趋于均衡。

同样，无论是省内差异、区域内省间差异还是地区区域间差异，市辖区和市辖县分解后的泰尔指数也全部不同程度地有所变小，表明各地金融发展水平在主要区域层面大都呈现均衡之势。不过需要指出的是，西部地区2019年市辖县存贷款余额省内差异泰尔指数较2013年有所上升，并超过了中部地区，表明西部地区省份内部市辖县金融发展更加趋于不均衡。

以上分析表明，相对市辖区而言，市辖县以存贷款余额来衡量的金融发展差异程度总体偏小，同时随着时间的推移，也呈现逐渐缩小的趋势，但在不同的经济区域或者省份间，金融发展差异程度仍然偏大。

四 市辖区和县域金融发展差异的影响因素

根据上文分析，概括地讲，县域金融发展与市辖区相比存在两个方面的显著差异，一是县域金融发展水平偏低，二是四大区域间和省份间县域金融发展的差异程度较大。那么，这些差异主要是哪些因素导致的？一般来说，主要包括经济结构、区域管理便利性、规模效应显著性、经济发展潜力等方面的因素。

一是经济结构。经济结构特别是产业结构，对金融发展有着显著的影响。一般来说，除了投资规模较大的农业设施，大部分农业投资仅限于种子、化肥和部分农机设备，对金融机构贷款的依赖偏低，同时，由于缺少价值稳定且易于变现的抵押品，金融机构对提供贷款也缺乏兴趣。农业产值占比较大的县域，其金融发展更易受到制约。房地产业投资规模更大，对金融需求更为强烈。而市辖区往往因拥有更高等级的经济技术开发区或者高新技术开发区，第二产业更为发达，同时受益于城镇化其房地产业发展也更为充分，金融由此获得了更多发展机会。

二是区域管理便利性。在一个城市中，市辖区通常居于地理几何中心位置，也更多是高层级的行政管理中心，金融机构区域管理总部坐落于市辖区，要比市辖县更具有管理便利性，也更易与金融主管或者监管部门进行沟通。金融机构区域管理总部往往具有更大的金融管理权限，由于信息获取、联系交流的便利性，通常会更大力度支持所在地企业的投资和经营活动。同时，市辖区也多是其他行业区域管理总部，与这些区域管理总部的直接联系交流也有利于提高金融服务效率。

三是规模效应显著性。市辖区人口密度较高，金融服务网点布局可以更为丰富和完善，而市辖县人口密度相对较低，提高了金融服务网点布局成本，对服务网点布局形成制约。同时，部分因为客源不足而无法在县域设置的特殊金融服务网点，在区域辐射力较强、经济规模更大的市辖区进行设置也成为可能。而且，市辖区企业相比市辖县，规模更大效益更高，金融债务偿还能力更强，对金融服务机构的吸引力也更强。

四是经济发展潜力。全国城市样本数据表明，市辖区平均经济增速高于市辖县，表明市辖区具有更大的发展潜力。具有较大发展潜力的地区，企业通常也可以获得更好的发展壮大机会，这对于保障债务安全意义重大，而风险管理是银行等金融机构的首要任务。因此，市辖区经济发展潜力大，更易带来金融服务行业的繁荣发展。

五是产业附加值高低。相比市辖县，市辖区产业附加值相对较高，形成产业附加值的工资薪金和利润也会较高，这直接导致居民储蓄和企业存款上升，有利于提高金融相关比率。不过，由于半城市化的存在，县域外出务工人员倾向于将劳务所得寄回家乡进行储蓄，一定程度上抵消了市辖县产业附加值偏低所导致的低储蓄率的影响。

以上因素不仅有利于解释市辖县与市辖区存在的金融发展的差距，而且也可以解释四大区域间和省份间县区金融发展的显著差异性。因为在四大区域间和省份间，较之于在省内，各县域经济体在经济结构、规模效应和经济发展潜力方面差异更为明显。而市辖区情况则不同，哪怕在不同的区域间或省份间，由于都立足于为城镇化和工业化进程提供服务，并都承担着区域中心的职责，市辖区金融发展水平差异反而比县域更小。

五 对缩小县区金融发展差异的思考

县域与市辖区金融发展水平存在的差距，使金融对县域经济发展的服务能力减弱，政府应该出台相关政策或者调整制度安排，缩小彼此之间的差距。

一是营造良好的县域发展环境。提升县域各类经济技术和高新技术开发区层级，推动制造业主要向县域布局。改善县域包括司法环境、政策环境等在内的营商环境，吸引更多规模大、效益好的企业落户。

二是调整现存的歧视性优惠政策。市辖区作为区域中心，得到各级政府的重视，享受财税、金融、投资等多方面优惠政策，县域却普遍无法获得相应的优惠政策，需要取消或者向县域延伸。

三是致力于区县公共服务均等化。市辖区在医疗、教育、公共交通等公共服务方面，发展程度远超市辖县，公共服务的严重差异导致产业、人才等各类资源向市辖区转移，显著削弱了县域的发展能力，拉大了二者的发展差距。只有推动公共服务均等化，才能一定程度上抵消市辖区对县域的过度虹吸效应。

四是实行更大力度的金融倾斜政策。对县域层面的各类贷款允许更高的不良贷款率。结合乡村振兴，设立多层级的担保金优先保证农业贷款、村民消费或创业贷款等融资需求。鼓励各类金融机构采取直接经营或者代理等多种模式，在县域增加服务网点。通过采取税收优惠等政策，鼓励金融机构降低县域存款向市辖区转移的比例，增强金融存款在本地转化为贷款的能力。

不过，由于县域与市辖区金融发展水平的差距部分受经济社会发展规律的影响，在出台政策或者进行制度调整时，也应注意避免矫枉过正。

第七章　县域工业发展在乡村振兴中的作用

一　"十四五"时期中国经济形势预判

"十四五"时期是中国全面建成小康社会,实现第一个百年奋斗目标之后,乘势而上开启全面建设社会主义现代化国家新征程、向第二个百年奋斗目标进军的第一个五年。这一时期,随着人口红利的消失,依靠劳动力不断壮大的横向式发展不得不转为更多依靠产业升级的纵向式发展。

"十四五"时期,中国高端技术产品的发展将面临来自发达经济体的强力竞争,部分劳动密集型产品会受到来自后发国家的不断挤压。事实上,根据林毅夫、刘世锦和陆旸、蔡昉的研究成果[1],不难推知,随着相对收入差距的缩小、向工业化后期的转变、人口红利的消失,中国中长期经济增速也将呈缓慢下降趋势。

(一) 劳动力总量和结构约束趋紧

"十四五"时期,中国劳动力供给总量减少,农村劳动力也由存量相对过剩转向增量相对过剩,即逐年成长的新生代劳动

---

[1] 林毅夫:《中国经济下滑主要不是因为体制》,《经济研究信息》2014年第1期;刘世锦:《增长速度下台阶与发展方式转变》,《经济学动态》2011年第5期;陆旸、蔡昉:《从人口红利到改革红利:基于中国潜在增长率的模拟》,《世界经济》2016年第1期。

力成为由农村向城市转移的主力,从而导致各产业的劳动力供给约束。中国15—60岁劳动年龄人口从2011年开始下降,但是直到2018年,全国就业人口才开始下降,2019年城镇就业人数也由升转降。2011—2017年劳动年龄人口下降而就业人口增加,是以劳动参与率的不断增加为代价的。随着劳动参与率的提升趋缓,未来就业人口将逐渐与劳动年龄人口同步下降。根据《中国人口和就业统计年鉴(2020)》,2019年全国15—64岁劳动年龄人口为98910万人,2005—2010年出生人口分别为1617万人、1584万人、1594万人、1608万人、1615万人和1588万人,相继已满15岁并进入劳动年龄人口段,而1955—1960年出生的人口分别为2004万人、2004万人、2200万人、1928万人、1665万人和1381万人,这些人口将梯次年满65岁而退出劳动年龄人口段,在假定死亡率基本稳定的情况下,2021—2024年全国15—59岁劳动年龄人口分别减少420万人、606万人、320万和50万人,分别下降0.43个、0.62个、0.33个和0.05个百分点,2025年则会增加207万人,提高0.21个百分点。不过,如果以15—59岁劳动年龄人口来测算,虽然2021年还会增加397万人,但是2022—2025年则分别大幅度下降897万人、1392万人、1144万人和1160万人。而且,除了1960年和1961年出生的人口因数量较少对劳动力总人口没有太大影响外,数百万甚至上千万劳动力人口的绝对减少,在未来数年对全国乃至各地区的负面影响都不可小觑。

(二)产业转型效率逐渐降低

2013年开始,中国第二产业就业人口开始减少,第三产业人口大幅度增加,由于第二、第三产业人均产出比一般维持在1.3—1.5,就业人口结构在第二、第三产业之间转移无疑会降低经济增长率。第二产业人口的减少和第三产业人口的增加是逐渐发生的,每年影响第二、第三产业总增长率不超过0.05个百分点。产业结构转型是一种增长约束,2021—2025 年估计影响经济增速下降约 0.30 个百分点。

(三) 国内外需求不确定性增强

由于国际贸易不确定因素上升,中国高端产业再升级面临天花板,劳动密集型产品逐渐丧失竞争力,出口增长将呈放缓之势。从消费方面看,受劳动力总量减少、家庭负债高企、预期支出增长以及人口老龄化伴随的消费降级影响,消费增速也将逐渐放缓。从投资方面看,受国际国内市场疲软、制造业投资稳中有降、房价高企的情况下投机性需求减少和刚性需求受到抑制等因素影响,房地产投资增速将呈逐渐降低之势。不过,由于政府仍有能力通过宏观调控稳定投资,社会总投资不会出现大规模下滑。总体而言,2021—2025 年,社会总需求增速将逐渐放缓,如果没有较大强度的国内外意外因素冲击,预计"十四五"末期全国经济增速大概率运行在 5%—6% 区间。

二 新阶段中国区域经济发展形势

(一) 服务业发展迅速,城市经济仍然保持竞争优势

2008 年,中国经济增速总体稳中趋降,特别是 2012 年以来这一趋势更加明显。从结构来看,2013 年以来,全国第三产业增加值增速开始超越第二产业,中国服务业发展规模不断扩大,2015 年,第三产业增加值占 GDP 的比重为 50.5%,首次超过 1/2,2019 年第三产业增加值占 GDP 的比重进一步提升至 53.9%,三次产业增加值占 GDP 的比重则由 2016 年的 8.6∶39.8∶51.6 调整为 2019 年的 7.1∶39.0∶53.9。尽管"十三五"时期最末一年即 2020 年,第三产业增加值增速降至 2.1%,低于第二产业的 2.6%,但这主要是由新冠肺炎疫情导致,并不能改变第三产业增速高于第二产业的长期趋势。图 7-1 描述了

2000—2020年全国三次产业增加值增速情况。

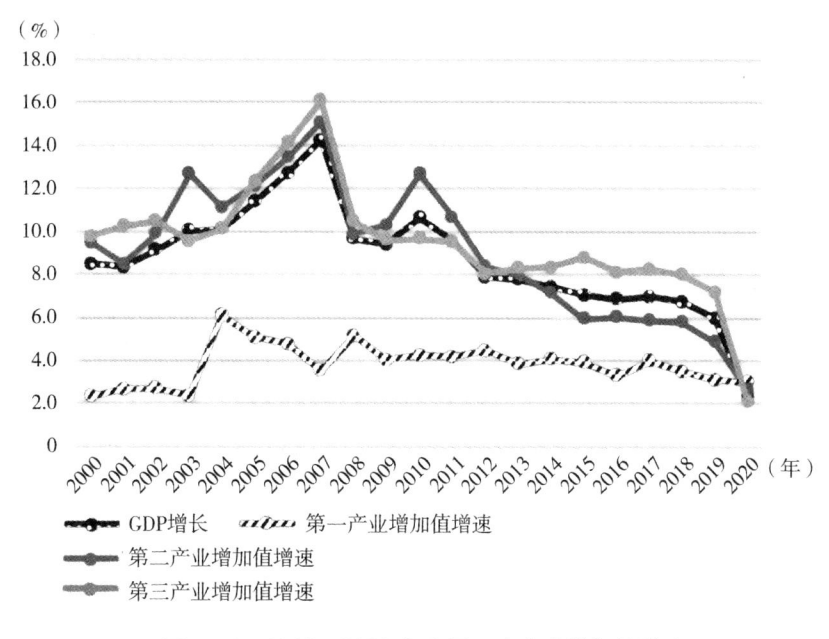

图7-1 2000—2020年全国三次产业增加值增速

"十四五"时期,第三产业增加值增速仍将高于其他产业,这主要是因为城乡居民可支配收入的较快增长带动了中国城乡居民消费升级驶入快车道,而服务消费比重不断提升则是其最主要的趋势之一。2016—2019年全国居民人均消费支出中,服务消费支出占比分别为41.0%、41.4%、44.0%和45.9%,4年时间提高了4.9个百分点。当前,以文化娱乐、休闲旅游、健康卫生、养老照料、体育健身和亲子教育为代表的服务消费,正在成为城乡居民最青睐、最活跃的消费领域,进而带动了第三产业增加值快速增长。

但是,由于服务业的分布主要集中于大中城市,特别是以计算机信息、交通、文化娱乐、体育健身等为代表的现代服务业,大中城市仍然具有绝对竞争优势,县域经济则处于明显劣势。因此,全国服务业发展继续快于其他产业,对于以工业为主的县域而言，仍然带来了较大压力和挑战。

（二）战略性新兴产业仍将保持快速增长，发达经济区和大都市区县域面临机遇

"十三五"时期以来，在政策等有利因素的推动下，中国战略性新兴产业总体实现持续快速增长，经济增长新动能作用不断增强。在工业方面，2016—2020年中国战略性新兴产业规模以上工业增加值增速始终高于全国工业总体增速，平均高出4.3个百分点。2020年，以高技术制造业为代表的新产业新动能逆势增长，结构调整、动能转换持续推进，高技术制造业同比增长达7.1%，高于整体工业4.3个百分点，特别是工业机器人、新能源汽车、集成电路、微型计算机设备产量增长较快。在整体制造业投资下降的情况下，高技术制造业投资增速达到了11.5%，特别是5G、工业互联网等新型基础设施加速建设，对实现传统产业的转型起到了很大推动作用。

图7-2在更长时期内考察了全国各行业规模以上工业增加值增速情况。从图7-2中不难看出，2013—2020年，燃气生产和供应业，电子信息制造业，计算机、通信和其他电子设备制造业，医药制造业规模以上工业增加值平均增速都超过了10%。废弃资源综合利用业、仪器仪表制造业、电气机械和器材制造业和汽车制造业规模以上工业增加值平均增速也较高，而纺织服装类、资源开采及加工类制造业规模以上工业增加值平均增速则偏低。

"十四五"时期，中国工业面临着发展中国家和发达国家的两端挤压。一方面，发展中国家大力推动劳动密集型产业发展，利用要素低成本优势积极吸引全球劳动密集型产业和低附加值环节。另一方面，以美国为代表的发达国家认识到产业空心化的危害和制造业对支持创新、促进就业的重要作用，纷纷提出"再工业化"，促进制造业"回流"。这些都对中国工业发展形

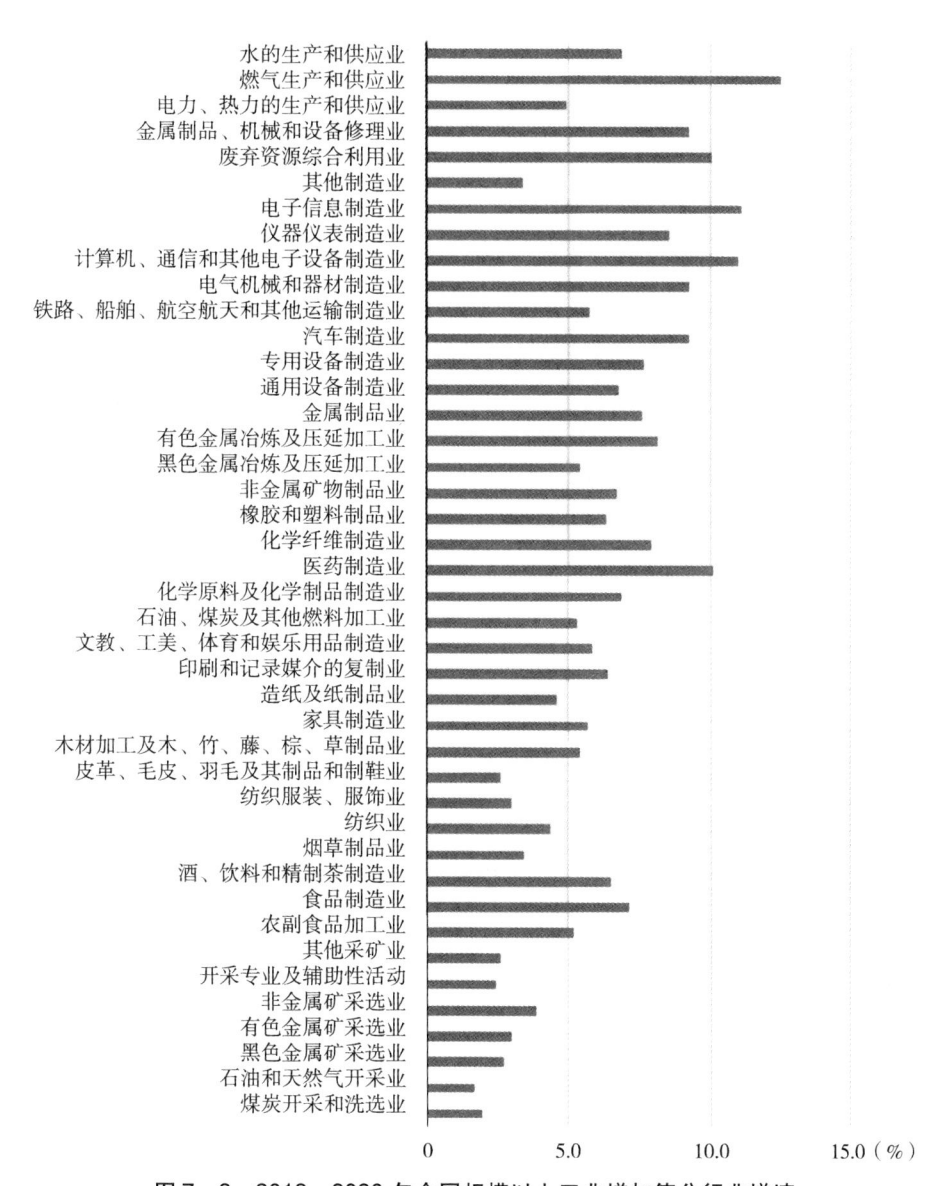

图 7-2 2013—2020 年全国规模以上工业增加值分行业增速

成挑战。

尽管中国曾经赖以参与国际分工的低成本优势逐步弱化，但是支撑中国工业竞争形成新优势的条件和基础也在不断强化。一是综合成本较低、良好的基础设施和完善的产业链配套、劳动力素质的改善、资本密集度与装备水平的提高会在一定程度上抵消劳动力工资上涨的因素。二是创新能力持续增强，在某些制造业领域的创新能力已居于世界前列。三是经济超大规模性优势明显，为企业培育壮大自身能力和技术水平、产业不断升级提供了重要依托。四是数字经济发展水平领先，将成为培育中国工业竞争新优势的重要基础，亦将为中国工业向全球价值链中高端迈进提供强大动力。"十四五"时期，面对国内外新形势新环境，中国"新优势"正在逐渐形成，即以高级生产要素为基础、以创新能力为核心、以中高技术产业为外在表现的创新优势，以高技术制造业为代表的战略性新兴产业仍将维持较高速度的增长。同时，为解决国内巨大人口规模带来的就业压力，劳动密集型产业仍需采取措施维持一定速度的增长，但增速将会有所放缓，而中国城镇化和工业化仍在推进中，资源类产业也将具有一定发展机会。战略性新兴产业的发展，一般比较依赖所在区域的科教资源和产业配套，发达经济区和作为科教中心的大都市范围内的县（市），或者距离相对较近的县（市），将更容易获得发展机会。相反，资源类产业发达的县（市），将面临经济发展放缓的威胁，劳动密集型产业受劳动力成本、土地成本、环境成本和政策调整的影响，区域转移趋势仍将持续。

（三）中西部地区保持较快发展态势，但东部地区工业优势依旧

中部地区和西部地区 GDP 占全国的比重上升明显。2013—2020 年，中国四大区域发展格局略有改变。相比 2013 年，2020 年中部地区和西部地区 GDP 占比都有所上升，表明西部大开发和中部崛起战略取得一定成效，但是东北地区 GDP 占比显著下降，降幅达 1.8 个百分点，东北振兴任重道远。同期，东部地区 GDP 占比基本维持稳定，仅略有下降，东部地区竞争优势仍然比较显著。图 7-3 描述了 2013 年和 2020 年四大区域 GDP 占全国的比重的具体变化情况。

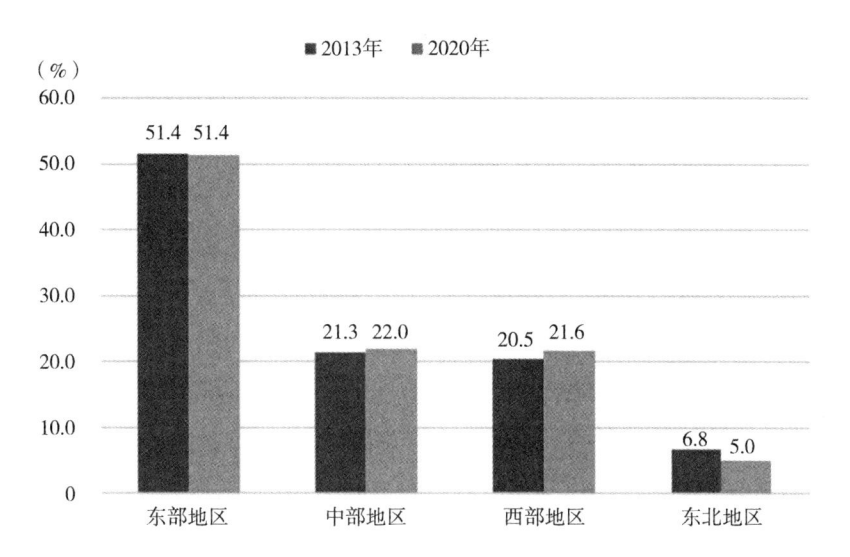

图 7-3 2013 年和 2020 年四大区域 GDP 占全国的比重

东部地区工业占比快速提升，东北地区工业竞争优势加快丧失。尽管东部地区 GDP 占比略有下降，但是规模以上工业增加值占比却显著上升，上升幅度达 1.3 个百分点，甚至远高于中部地区上升幅度（0.3 个百分点）和西部地区上升幅度（0.4 个百分点）。相反，东北地区规模以上工业增加值所占比重大幅下滑，由 6.7% 降至 4.7%，工业经济发展受到严重挫折。结合四大区域 GDP 变化情况，基本可以得到这一结论，即东部地区仍然是全国最为发达的工业基地，其竞争优势甚至仍在不断提高，而东北地区传统工业基地的地位在不断受到削弱，竞争优势近乎荡然无存，在短期内东北老工业基地持续衰落的趋势也很难得到有效扭转。图 7-4 描述了 2013 年和 2019 年四大区域规模以上工业增加值占全国的比重。

资源型或重工业发达地区居民收入提升缓慢，发达经济区周边省份居民收入增长迅速。2013—2020 年，西藏、贵州、青海、江西、重庆、安徽、四川和湖南等地城镇居民人均可支配

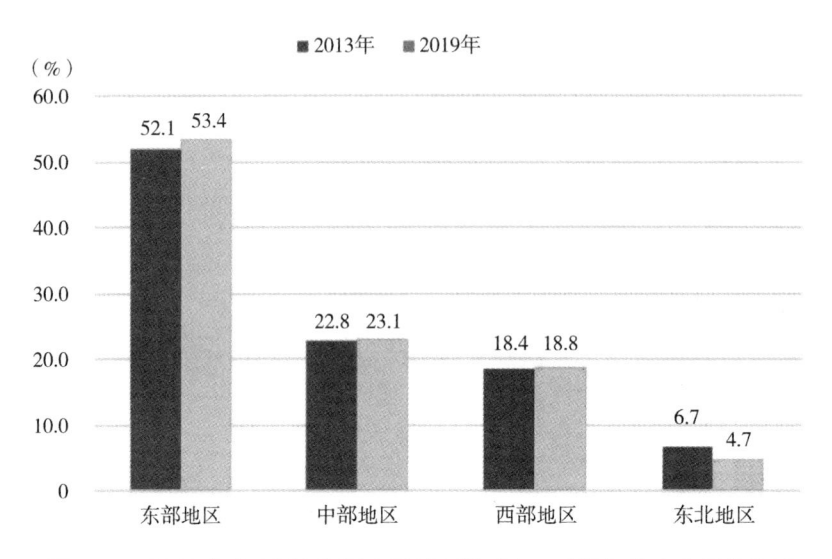

图 7-4　2013年和2019年四大区域规模以上工业增加值占全国的比重

收入增速都高于上海，其与上海城镇居民人均可支配收入的比值都有所提升，而其他地区城镇居民人均可支配收入增速都低于上海，从而与上海的比值都有所下降，特别是黑龙江、辽宁、陕西、吉林、广西和内蒙古等地，这一比值下降幅度最大。不过，从绝对比值看，北京、浙江、江苏等地城镇居民人均可支配收入与上海的比值仍然排在前列，远高于其他地区。总体看，东北地区、山西、内蒙古、山东和天津等资源型产业或重工业发达的地区，城镇居民人均可支配收入增长速度都较为缓慢，而邻近发达经济区的江西、安徽和湖南以及西南地区的重庆和成都等地城镇居民人均可支配收入增长速度都较为迅速。图 7-5 描述了2013年和2020年各省份城镇居民人均可支配收入与上海的比值情况。

受经济结构调整影响，部分资源型或重工业发达地区一般公共预算收入增长放缓。2013—2020年，浙江、西藏地方一般公共预算收入平均增速都高于广东，从而与广东一般公共预算收入的比值上升，但其余地区平均增速都低于广东，与广东一般公共预算收入的比值都有所下降。海南、青海、宁夏、甘肃、

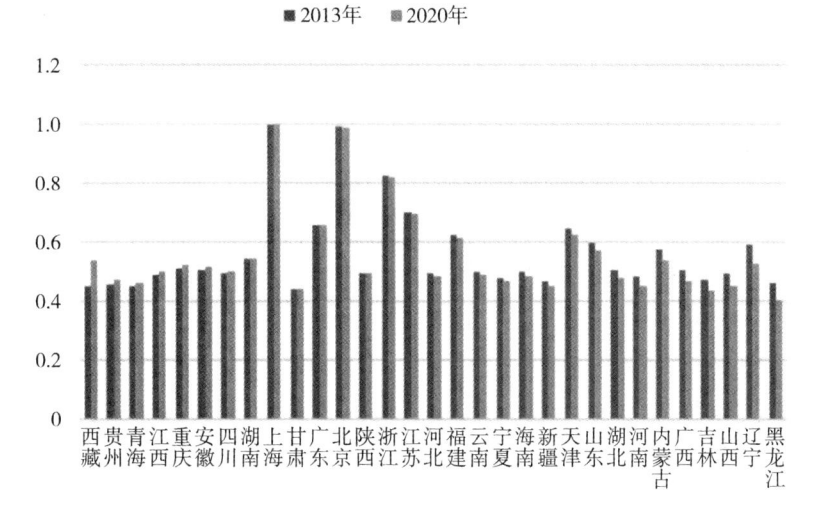

图 7-5　2013年和2020年各省份城镇居民人均可支配收入与上海的比值

河南、河北、贵州、江西等发展相对落后地区，地方一般公共预算收入平均增速虽然低于广东，但是也保持较快增长，这主要是因为这些地区财政收入基数低，同时受"营改增"税制改革影响小，经济发展相对较快等。另外，辽宁、江苏、天津、山东等经济相对发达地区，受"营改增"税制改革影响较大，更主要是经济结构调整剧烈，经济增速放缓，地方一般公共预算收入平均增速反而最小，与广东的比值也相应大幅下降。图 7-6描述了2013年和2020年各省份地方一般公共预算收入与广东的比值情况。

（四）产业转移趋势明显，发达经济区邻近地区承接潜力最大

2013年以来，不仅全国经济增速放缓，而且结构调整加剧，产业转移力度加大，部分地区迎来了较大发展机遇。图 7-7描述了2019年相对2013年各省份制造业平均用工人数占全国制造业平均用工总人数的比重变化情况。广东、福建和浙江制造业用工人数所占比重提升最大，其中，广东提升幅度达2.54个

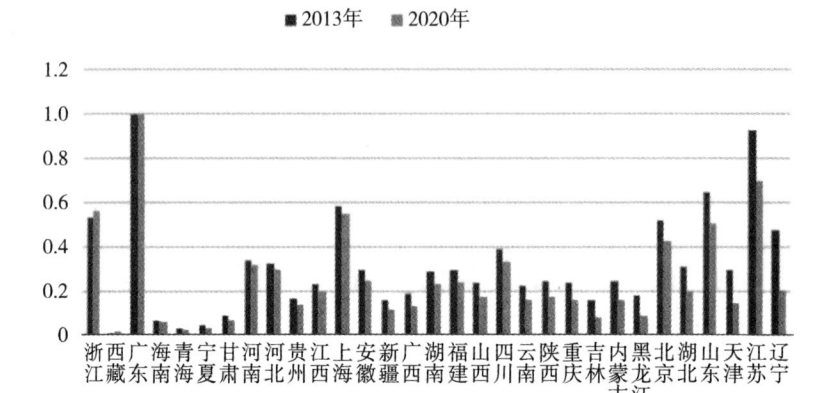

图 7-6　2013 年和 2020 年各省份地方一般公共预算收入与广东的比值

百分点，湖北、江西、湖南、重庆、陕西和安徽这一比重提升也较大。相反，山东、辽宁和江苏制造业用工人数所占比重下降最大，其中，山东下降 2.85 个百分点，辽宁、江苏、天津、吉林、黑龙江这一比重下降也较大。引起制造业人数所占比重变化的影响因素较多。有些地区可能是产业结构升级，如劳动密集型产业的跨区域调整，例如上海和北京等地，虽然制造业用工人数比重下降，但是制造业营业收入占比还是增加的。但是，也还有一种可能，即该地区制造业呈现衰落之势，或者出现大规模的集聚或者发展壮大，前者如山东和辽宁等地，后者如福建、湖北和江西等地。江苏情况相对复杂，不仅制造业平均用工人数占比下降，制造业营业收入占比也更大幅度下降，这表明尽管江苏也在不断转型升级中，但是相比广东和福建等省份，转型升级并不算很成功，迫切需要有新的思路实现对其他区域的赶超。从产业承接力度看，毗邻长三角、珠三角和闽三角发达经济区的江西、湖南和安徽等省份，以及科教资源丰富、区位条件较好的湖北、重庆和陕西等省份，都是产业区域转移或者新兴产业发展的受益者。

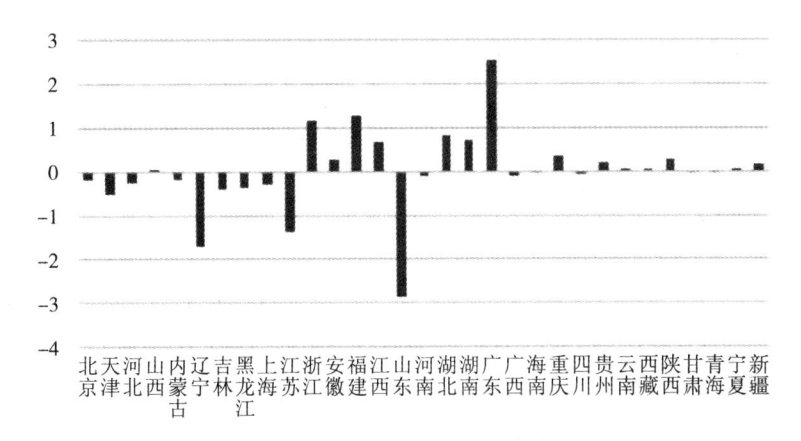

图 7-7 2019 年相对 2013 年各省份制造业平均用工人数占比变化情况

表 7-1 进一步列明了各省份主要制造业行业平均用工人数占全国本行业平均用工总人数的比重变化情况。从表 7-1 中不难看出，天津、河北、内蒙古、辽宁、吉林和山东绝大部分行业平均用工人数占比都是下降的，其中，辽宁更是所有行业平均用工人数所占比重都出现了下降。与辽宁相反，江西则是所有行业平均用工人数占比都出现了上升。湖北除了汽车制造业外，其他行业占比都是上升的。安徽则是除了专用设备制造业和汽车制造业外，其他行业占比也都是上升的。湖南大部分行业这一比重也都是上升的；而陕西则主要是轻工业这一比重有所上升；重庆各行业表现不甚规律，轻工业和重工业这一比重都互有增减。发达省份中，浙江所有行业平均用工人数占比都是上升的，福建除了汽车制造业，其他产业这一比重也都是上升的。广东趋势比较明显，即劳动密集型的纺织服装、服饰业以及文教、工美、体育和娱乐用品制造业平均用工人数占比是下降的，其他行业这一比重都是上升的。江苏则是装备类制造业平均用工人数占比上升明显，其他产业这一比重大都是下降的。

表 7-1　2013—2019 年各省份主要制造业行业平均用工人数占全国的比重变化情况　单位:%

	农副食品加工业	纺织服装、服饰业	家具制造业	文教、工美、体育和娱乐用品制造业	医药制造业	通用设备制造业	专用设备制造业	汽车制造业	电气机械和器材制造业	计算机、通信和其他电子设备制造业	仪器仪表制造业
北京	-0.16	-0.20	-0.68	-0.08	0.72	-0.14	-0.06	-0.76	-0.20	-0.52	-0.07
天津	-0.17	-2.23	-0.07	-0.92	0.05	-0.68	-1.50	-0.26	-0.11	-1.06	0.19
河北	-0.07	-0.18	-0.09	-0.17	-0.20	-0.56	-0.71	0.03	-0.56	-0.20	0.80
山西	0.02	0.10	-0.03	-0.04	0.04	-0.06	-0.32	0.14	0.08	0.02	0.00
内蒙古	-0.79	-0.01	-0.09	-0.09	-0.27	-0.31	-0.19	-0.18	-0.12	0.05	-0.01
辽宁	-3.22	-1.23	-2.26	-0.63	-0.82	-4.88	-3.26	-0.46	-1.27	-0.31	-0.48
吉林	-1.06	0.31	1.98	-0.06	-3.47	-0.27	-0.55	-1.20	-0.20	-0.03	-0.22
黑龙江	-1.04	-0.03	-0.90	-0.25	-0.67	-0.41	-0.51	-0.25	-0.14	-0.02	0.14
上海	0.13	-1.33	-1.42	-0.54	-0.06	0.51	-0.13	-0.32	-0.60	-1.75	0.02
江苏	-0.98	-3.37	0.99	-1.61	1.16	1.48	0.59	1.38	-1.86	-4.26	-6.41
浙江	0.13	0.55	1.15	2.14	0.92	3.84	2.71	2.16	1.75	0.98	2.02
安徽	0.16	0.43	0.78	0.70	0.55	0.08	-0.06	-0.21	0.35	1.16	0.27
福建	2.98	3.56	0.84	3.89	0.48	1.10	1.00	-0.11	0.75	0.33	0.18
江西	0.90	1.08	3.52	0.78	0.54	0.39	0.37	0.56	0.28	2.11	0.74
山东	-5.16	-2.11	-3.49	-4.21	0.01	-4.51	-3.36	-1.89	-2.59	-1.31	-0.73
河南	0.76	2.31	-0.98	0.44	-1.91	0.71	-1.97	-1.08	0.68	0.35	0.65
湖北	0.29	0.41	0.61	1.44	0.61	0.19	0.52	-1.10	0.01	0.47	1.00
湖南	3.39	0.75	-0.07	1.49	0.38	0.50	-0.35	0.06	0.55	0.64	-0.20
广东	1.19	-0.71	1.17	-3.23	1.23	3.49	8.69	5.24	2.64	0.27	1.01
广西	0.29	0.14	-0.62	-0.01	-0.56	-0.16	-0.39	-0.82	-0.08	0.14	0.01
海南	0.18	0.00	-0.05	0.00	0.21	0.00	0.00	-0.12	-0.07	-0.03	-0.37
重庆	0.46	-0.03	0.16	0.23	-0.08	0.55	0.46	-0.13	0.11	1.23	-0.04

续表

	农副食品加工业	纺织服装、服饰业	家具制造业	文教、工美、体育和娱乐用品制造业	医药制造业	通用设备制造业	专用设备制造业	汽车制造业	电气机械和器材制造业	计算机、通信和其他电子设备制造业	仪器仪表制造业
四川	-0.31	0.33	-0.78	0.21	-0.06	-0.65	-0.82	-0.29	0.15	0.47	1.27
贵州	0.28	0.11	0.12	0.21	0.15	0.09	0.02	0.01	0.20	0.50	-0.03
云南	0.82	0.09	0.04	0.13	0.39	-0.07	-0.05	0.01	0.04	0.20	0.24
西藏	0.00	0.01	0.00	0.01	0.02	0.00	0.00	0.00	0.00	0.00	0.00
陕西	0.71	0.39	0.29	0.27	0.28	-0.12	-0.03	-0.37	0.04	0.41	0.00
甘肃	0.00	-0.02	-0.03	-0.03	0.04	-0.02	-0.09	0.00	-0.04	0.02	-0.05
青海	0.00	-0.02	0.00	-0.16	-0.04	-0.06	0.00	-0.01	0.11	0.03	0.00
宁夏	0.00	0.06	-0.03	0.02	0.06	0.00	0.00	0.00	0.02	0.09	0.00
新疆	0.25	0.84	-0.05	0.07	0.30	-0.03	0.01	-0.01	0.06	0.02	0.00

三 产业趋势转移下的县域工业

从上文分析可知，城市服务经济和战略性新兴产业发展较快，这对于地区县域而言形成巨大的调整。不仅如此，分区域看，东部地区工业基础雄厚，中西部地区工业基础相对薄弱。这一发展趋势决定了东部地区部分县域和大城市近郊县域具有较大发展机遇，而其他大多数县域承接产业特别是工业转移的机会则相对稀少，经济发展缺乏足够的动力，对城乡融合发展和乡村振兴发展极为不利。

东北地区县域第二产业发展相对缓慢，中部地区则相对更快。表7-2描述了2013—2019年289样本城市分地区所辖县域第二产业增加值占全市的比重情况。由表7-2不难看出，2013年全部样本城市县域第二产业增加值占全市第二产业增加值的比重为41.3%，2019年这一比重降至39.3%，总体呈现下降趋势。分地区看,东北地区样本城市中县域第二产业增加值的比重由34.0%下降到20.5%,降幅最为明显,表明东北地区县域经济特别是工业发展面临严重困难。西部地区这一比重下降趋势也较为明显。相对而言,中部地区城市县域第二产业增加值占全市的比重只略有下降,表明其在承接产业转移方面具有较大地缘优势。

表7-2　2013—2019年分地区县域第二产业增加值占全市的比重　单位:%

	2013年	2014年	2015年	2016年	2017年	2018年	2019年
东部地区	35.5	35.0	34.7	34.8	33.6	33.5	33.5
中部地区	57.2	57.1	57.0	57.6	58.3	57.8	56.2
西部地区	43.3	43.1	43.3	43.5	40.8	40.4	40.9
东北地区	34.0	35.5	34.5	32.4	29.9	28.4	20.5
全部城市	41.3	41.1	40.9	41.1	40.0	39.6	39.3

表7-3进一步描述了2013—2019年289样本城市分省份所辖县域第二产业增加值占全市的比重情况。从表7-3可以得出这样的结论:一是部分东部发达地区县域第二产业增加值占全市的比重有所上升。相比2013年,2019年江苏、浙江和福建县域第二产业增加值占全市的比重都有所增加,特别是江苏这一比重增幅较大。这一情况表明发达地区县域在工业方面仍然具有较大的竞争力和吸引力。二是部分靠近发达地区的中部地区县域第二产业增加值占全市的比重大幅上升。安徽和江西是典型代表,县域第二产业增加值占全市的比重都提升了4个百分点以上。这一情况主要是这些地区县域毗邻发达经济区,承接产业转移较强。三是部分西南和西北地区县域第二产业增加值所占全市的比重都略有增加,例如四川、贵州、陕西和宁夏等。这一情况部分是由于西部地区中心城区发展相对滞后,而县域资源又相对丰富,工业发展相对中心城区更有优势。

表7-3　2013—2019年分省份县域第二产业增加值占全市的比重　　单位:%

	2013年	2014年	2015年	2016年	2017年	2018年	2019年
河北	63.1	62.1	60.5	60.7	59.3	55.7	59.1
山西	61.5	60.7	59.5	60.3	62.2	59.5	59.5
内蒙古	58.1	58.4	58.4	57.5	55.1	53.8	55.3
辽宁	34.3	35.7	34.0	27.0	27.3	25.3	22.0
吉林	38.7	40.7	37.2	37.2	33.4	31.4	17.9
黑龙江	28.9	29.8	32.5	35.2	30.8	31.3	19.4
江苏	40.9	41.0	41.7	42.3	43.7	43.6	44.4
浙江	47.2	47.0	46.7	45.8	47.1	47.6	48.5
安徽	45.0	45.4	45.0	46.5	45.8	47.3	49.0
福建	56.2	57.0	56.5	56.4	56.4	55.7	56.7
江西	48.8	50.8	51.1	52.5	55.3	53.9	52.9
山东	46.8	47.1	48.4	48.3	45.4	46.2	43.3
河南	69.2	68.2	68.3	68.2	68.4	67.5	61.9
湖北	42.0	43.3	43.8	43.5	35.3	35.9	36.5
湖南	54.9	55.0	54.7	55.8	56.1	54.9	54.5
广东	14.1	12.6	12.4	12.3	11.1	11.2	9.5
广西	41.6	40.1	41.1	45.0	42.5	40.7	36.5
重庆	14.9	15.0	15.5	10.7	11.1	9.9	12.1
四川	42.6	40.9	43.1	44.0	40.0	39.4	42.7
贵州	55.2	55.9	56.2	56.4	56.4	57.7	57.2
云南	44.0	41.6	42.3	44.6	40.2	40.2	43.0
陕西	52.2	53.5	50.7	51.7	52.7	53.1	52.5
西藏	62.4	65.1	65.1	52.3	49.7	26.9	14.5
甘肃	38.9	41.6	41.4	41.8	37.3	37.6	39.2
青海	52.5	51.0	42.4	41.0	40.4	45.6	45.9
宁夏	49.6	50.4	51.5	52.1	52.2	49.2	57.7
新疆	0.4	0.4	0.4	0.3	0.4	0.3	0.4

四 县域工业集聚对促进乡村就业的重要性

（一）乡村振兴最大的隐患是乡村人口过度减少

第七次全国人口普查结果显示，2010—2020年乡村人口降幅达24.4%，减少总数超过1.6亿人，中国乡村人口占比已降至36.11%。部分地区乡村人口减少更为严重，例如甘肃乡村人口减少26.8%，作为课题组调研对象的甘肃金塔、民乐乡村人口更是分别减少39.5%和39.9%。随着工业化和城镇化的推进，未来乡村人口还将继续减少，2030年占比估计会降至25%左右。城镇化进程注定会带来乡村人口的减少，但乡村人口过度减少所带来的问题也是显而易见的，不仅因缺乏规模效应而使基础设施和公共服务的提供成本大幅上升，而且使传统风俗习惯及诸多非物质文化遗产失去传承基础，对中华文明的继承和发展极为不利。从发达国家发展历程看，各国也非常重视将乡村人口稳定在一个合理的水平。欧盟国家整体乡村人口占比仍有25%，其中，德国乡村人口占比为24%。尽管美国农业人口不到全国就业人口的2%，但是乡村人口占比仍然达15%。避免乡村人口过度减少是乡村振兴的必要前提，而推动产业繁荣和就业增加则是避免乡村人口过度减少的根本途径。

（二）农业人口将最终降至较小的比例

尽管目前中国农业人口占就业人口的比重仍然高达25%，但是随着农业现代化的推进，这一比重将大幅下降。中国农业与美国、日本农业相比具有不同的特征。一方面，美国农业通过规模化种植提高了生产效率，日本山地多，大规模机械化难度大，不过仍然通过小规模机械化也基本解决了生产效率低的问题，两国所需的农业人口由此也大幅减少。另一方面，由于劳动力生产成本高，美国和日本在蔬菜、水果等劳动力相对密集行业没有生产优势，吸纳就业人口较少。美国和日本农业人口占比分别低于2%和3%。中国农业规模化和机械化种植虽然推进相对落后，但作为趋势最终也将得以实现，农业人口将显著减少。但是，中国作为人口大国，劳动力成本从长期看也会显著低于美国和日本，蔬菜、水果等行业具有较强生产优势，同时市场也更为广大，可以吸纳更多农业人口。尽管如此，由于中国人口基数庞大，农业人口占比也不会太高，预计最终将降至5%左右。

（三）自身的依附性决定了乡村服务业吸纳就业的脆弱性

农业现代化完成后，养老、医疗、教育、旅游、商业等服务业以及建筑业将逐渐成为乡村人口的主要就业领域。但是，服务业本身具有依附性，即只有农业人口、工业人口和城镇服务业人口在乡村居住并形成集聚，乡村服务业才有发展的可能。因此，随着农业现代化、工业化和城镇化的推进，乡村人口将趋于减少，乡村服务业吸纳就业的能力会下降。即使随着乡村振兴的实施，乡村服务业质量会有所提高，服务业种类更趋丰富和完善，也难以抵消乡村服务业吸纳就业能力的趋势性下降。乡村服务业是乡村振兴必不可少的行业，无疑是需要大力扶持和发展的领域，但是它所具有的依附性，决定了仅仅依靠自身无法有效促进乡村人口聚集。

（四）县域工业是促进乡村人口域内就业的关键性行业

在现代交通工具日益发展和交通道路更趋完善的条件下，只要城镇能够提供足够的就业机会，乡村人口就完全可以选择在乡村居住而在城镇就业。工业产品的市场不限于本地，可以覆盖更大的区域甚至全球，理论上可以突破区域限制。因此，工业在县域的集聚，不仅可以直接吸纳城镇或乡村人口就业，而且也能够带动人口的集聚，促进城镇服务业的发展，间接吸纳城镇和乡村人口就业。同时，就业机会的增加，也可以促进农民兼业化，提高农民的收入水平，增加农业的吸引力。从这个意义上说，县域工业是促进乡村人口就业和乡村人口集聚的重要行业，可以有效避免乡村人口过度减少，并使乡村保持活力。尽管劳动力成本上升对中国工业的国际竞争力造成了一定的影响，但是由于中国人口基数大、收入层次多元，劳动力成本将不会过度上升。县域自身也具有土地和空间等资源优势。因此，工业在中国县域布局能够获得长久的竞争力，并对夯实乡村振兴的产业基础发挥重要作用。

五　县域工业弱势竞争地位的改善

2019年，中国县域年末户籍人口数占全国的62.2%，但GDP总和只占全国的38.0%，以工业为主的第二产业增加值也只占全国的41.2%。同时，随着劳动力成本的上升和自动化的提高，以工业为主的第二产业吸纳就业的能力也在逐渐下降，2013—2019年全国第二产业增加值实际增长42.4%，从业人员竟然还减少9.1%。不仅如此，县域服务业的发展在很大程度上依赖外出务工人员的返乡消费，随着户籍的放开，一旦外出务工人员在工作地落户居住，县域服务业也将受到严重的打击。乡村集聚人口的产业基础将逐渐削弱，亟须采取相应措施加大对县域工业发展的支持力度。尽管这些做法并不都是最有效率的，但在促进空间均衡发展和乡村振兴方面，却是必不可少的。

（一）不断缩小县域与发达地区或市区的区域优惠政策差距

2020年，全国共有217个国家级经济技术开发区和169个国家高新技术产业开发区，它们所创造的地区生产总值约占全国的24.0%。其中，工业增加值占比更高，仅国家级经济技术开发区工业增加值占全国工业增加值的比重就已超过20%。除了东部发达地区有少数几个国家级经济技术开发区或高新技术产业开发区位于县域辖区内，其他县域拥有的数量极少。尽管这些国家级经济技术开发区或高新技术产业开发区，曾经对催化产业集聚效应和完善产业链发挥了重要的增长极作用，但是目前这些园区所具有的税收、土地、金融、立项审批等优惠政策，使本来应该受到更大力度扶持的县域工业承受越来越大的发展压力。中国培育区域增长极的发展模式已经完成了历史使命，除了战略性新兴产业外，区域均衡和工业反哺乡村将是未来工业布局的首要目标。因此，逐步缩小县域工业园区与各类高层级园区的优惠政策差异，最终使县域工业园区享受更多政策优惠，应成为未来工业政策调整的主要导向。

（二）限制地方无序竞争，减轻县域弱势竞争地位压力及避免资源过度内耗

招商引资是地方加快产业集聚、促进经济发展的重要途径。但是，当招商引资不主要依赖营商环境的改善，而是更多依赖地方政府各种形式的政策优惠时，将使地区之间和企业之间处于不公平竞争地位。而且，从全国层面看，当地方政府相当大一部分精力用于微观层面的招商引资工作时，也会导致公共服务资源的过度内耗。由于发达地区或者城市市辖区具有更大的政策权限和更强的资金实力，广大欠发达地区的县域将承受更大的竞争压力，即使不得不被动参与招商引资的竞争，最终也难以改变其弱势竞争地位。因此，当前地方政府的无序竞争行为，不仅内卷化现象严重，而且不符合区域协调发展战略导向，对乡村振兴战略的实施也有直接或间接的负面影响，故亟须从国家层面予以规范。

（三）更加重视公共服务均等化和经济政策支持对县域工业集聚的促进作用

教育、医疗等公共服务对人才集聚继而对产业集聚有重要影响。目前，县域与大中城市市辖区相比在这些公共服务领域存在着过大差异，亟须予以解决。医疗方面，在分级诊疗基本框架下，应更加重视同级诊疗体系的均衡发展。教育方面，应持续推进各级各类学校的均衡发展，并扩大各类市级优秀中学在全域各县市的招生覆盖面。区域经济政策是工业企业进行布局选址时需要考虑的重要因素。区域经济政策功能应由过去的锦上添花向雪中送炭转变，针对广大处于弱势竞争地位的县域工业，不断加大支持力度，制定更有针对性的鼓励性优惠政策，例如增加县域工业项目土地指标、扩大县域工业投资或运营贷款额度等。

（四）减轻区域中心城市对县域的虹吸效应并不断提升其辐射效应

大中城市行政层级更高，支配资源能力更强，相关部门应以更广的视野和更大的格局，摒弃"唯中心""唯自我"思维，避免中心城区过度发展而挤占县域发展空间。同时，大中城市与县域之间，应进一步明确功能分工。大中城市应在大商业中心、区域总部经济、商务交往、交通枢纽建设等方面，加强集聚能力，并通过提高交通通达性和便利性，增强对县域的全面辐射，但在工业集聚、生活服务业、养老服务等方面，应避免对县域产生较强的虹吸效应，宜通过更优惠的政策进行对冲，鼓励相关行业企业积极在县域布局。

（五）在全国范围内选择节点型县域和文明承载型县域进行重点支持

中国地域广阔，部分县域具有典型的节点型特征，它们的发展对附近区域，特别是距离大中城市较远、位于省间或地区间行政边界的一些县域乡村振兴都具有重要的意义。北部地区特别是黄河流域，是中华传统的文明发源地和承载地，目前整体发展态势不容乐观，与南方部分地区差距越来越大，作为具体承载地的乡村更是人口流失和空心化严重，将这些地区的县域作为重点支持对象，采取措施促进其工业集聚，遏制人口过快流失和乡村空心化已迫在眉睫。

第三篇 案例报告

第八章 龙口市：宜居宜游促振兴，美丽乡村再升级

近年来，为持续改善农村生产生活环境，不断提升群众生活的幸福感和满意度，山东省龙口市紧盯问题和短板，以突出重点、全域推进、持续提升为原则，坚持党建引领、高位推进、多方联动，立足机制创新、提质拓面、循环利用、共建共享等举措，实现龙口市美丽乡村持续向好，一幅幅村美路净、生态宜居的美丽画卷全面铺开，农村面貌焕然一新。

一 龙口市推进美丽乡村建设的主要成就

（一）规划引领，擘画美丽乡村新蓝图

龙口市以城乡融合发展为主线，统筹编制城市总体规划、市域村镇体系规划、新型农村社区建设规划以及美丽乡村建设规划，因地制宜打造各具特色的示范区。在美丽乡村建设中，龙口市将全市规划设计为三大片区：在南部山区，依托王屋水库国家级水利风景区、南山养生谷，打造生态高效农业品牌和葡萄酒风情小镇为主题的生态旅游示范区；在中部平原，依托新型城镇化建设，打造生态工业和新型农村社区为主题的生态人文居住区；在北部沿海，依托黄水河湿地保护区和沿海景观，打造休闲度假为主题的生态观光产业示范区。同时，龙口市将城镇开发边界外的402个村庄共划分为五类，其中集聚提升类

村庄291个、城郊融合类村庄28个、特色保护类村庄37个、搬迁撤并类村庄7个、其他类村庄39个。依据城乡融合区、乡村发展区、生态保护区、特色功能区的特征，划分60个社区生活圈。此后，龙口市持续推进的美丽乡村精品示范带、富有乡村韵味的特色旅游村以及镇级美丽乡村重点示范片建设，都是在这一规划引领下有序展开的。

（二）旅游转型，激活美丽乡村新动能

乡村旅游是推动美丽乡村建设的重要力量。龙口市聚力乡村旅游转型发展，策划举办南山庙会、"龙口粉丝"民俗文化节、"圣蕃"采摘节等节会活动，以节造势，以势聚客，不断丰富乡村旅游特色产品。龙口市还全面启动以红色文化为主线的旅游开发与古村落的保护，试图以旅游带动乡村振兴和美丽乡村建设。龙口市已发布与"重走抗日烽火地，重温民族自强心""缅怀革命先烈，重温伟大胜利""感受战天斗地创业，重温艰苦奋斗精神""观听改革开放红潮，见证龙口发展新篇"等主题相关的6条"红色"线路，同时已有5个村落上榜住房和城乡建设部公布的"中国传统村落"名单。乡村旅游发展对美丽乡村建设的促进作用显而易见，黄山馆镇馆前后徐村、芦头镇庵夼村、徐福街道桑岛村入选首批山东省景区化村庄，南山精品文旅小镇也荣获首批山东省精品文旅小镇称号。在未来，龙口市还将继续推进诸如镇西河阳村和东尚家村、石良镇火山逄家村村庄景区化建设，推动乡村旅游发展和美丽乡村建设提档升级。

（三）样板示范，升级美丽乡村新版本

龙口市积极抢抓省内美丽乡村样板示范片建设机遇，以涉农资金统筹整合为支撑，全力打造有特色、高品质的美丽乡村示范片。各示范片广泛开展"美丽庭院"创建、"户户通"、农

村改厕和生活污水治理，力争全部完成"五化""七改"，达到省级美丽乡村建设标准。龙口市黄山馆镇示范片扎实开展绿化美化行动，投资1000万元打造了一条连接7个样板村长达10公里的绿化带，建设花海、镜心湖、樱花大道、槐乡园等景观，农村人居环境明显提升。侧重挖掘馆驿、红色、农耕、孝德四种文化，对馆前后徐村"国家传统村落"进行保护性开发，实施修建"镜心湖"、打谷场和恢复老古器、老作坊等乡村记忆工程；深挖西河阳村胶东民居特色，打造留得住乡愁的美丽乡村。在推进样板示范片建设中，立足资源禀赋，一体布局，因地施策，启动实施数十个重点项目，进一步放大特色优势。根据村庄特点和群众需求，乡村振兴涉及部门在示范片村庄实施多个涉农项目，推动五大振兴有机融合。

（四）全域联动，绽放美丽乡村新风貌

乡村旅游和样板示范片建设在美丽乡村打造过程中，更多发挥典型示范作用，真正实现全域乡村村容村貌的改变，仍然要依靠长期不懈的艰苦努力。龙口市制定《龙口市全域人居环境综合整治工作实施意见》和《农村人居环境整治标准手册》，着力推动全域乡村人居环境整治提升。一是突出重点抓纵深。在完成上级规定动作的同时，积极开展农村人居环境整治自选动作，包括在全市启动农村人居环境整治攻坚提升"大会战"、开展"六大领域"专项整治、明确"三清三治三规范一拆除"十项工作重点，全面向环境"脏乱差"宣战，实现农村人居环境大提升。二是查漏补缺补短板。加速推进农村道路硬化"户户通"工作，通过以奖代补、分类推进，鼓励镇村采取不同方式进行道路硬化，实施路网提档升级、自然村庄通达、路面状况改善、运输服务提升"四大工程"。三是上下联动聚合力。常态化开展"干群携手、共建家园"主题实践活动，在市镇村三级协同联动中合力攻坚，攻克农村环境"顽疾"。并且把城乡环卫一体化工作与党建引领相结合、与农村人居环境整治相融合，专班合并办公、同步推进。2021年开始，在原来财政年支出3300万元一体化经费基础上，清运费用再翻一番，农村人居环境整治获得有力资金支持。

（五）乡风重塑，铸就美丽乡村新传统

乡村精神文明是美丽乡村的应有内容之一。龙口市以移风易俗、村规民约、"四德工程"、诚信体系建设、志愿服务等为载体，积极推动乡村精神文明建设。移风易俗，告别传统陋习。对红白喜事简办实行奖补政策，引导群众摒弃主动或被动相互攀比、大操大办的理念，节约经济成本，推进乡村文明与进步。制定村规民约，协调乡邻关系。在村级治理方面，部分村庄通过设立村规民约，引导村民遵守，并逐渐成为文明风向标，让村民意识到自己不仅是乡村的建设者，也是村规民约的践行者，只有共同遵守村内文明，才能建设更加美好的乡村。同时，在孝老爱亲、诚实守信方面涌现出的好榜样，也成为村民们周围学习的楷模。诚信村居，助力乡村振兴。通过诚信积分，对村民在志愿服务、村集体活动、人居环境等方面做出的贡献予以积分奖励，并对积分档案实行积分制管理，将信用体系建设与全国文明城市提升工作结合起来，让乡村美、乡村富、乡风更文明。

二 龙口市推进美丽乡村建设的机制保障

（一）坚持高水平推动，建立提级管理方式

为扎实做好美丽乡村建设和人居环境整治工作，龙口市先后印发《龙口市农村人居环境整治三年行动实施方案》《全市城乡环境"六大领域"综合整治提升行动实施意见》等文件，明确农村人居环境、城乡违建、路域环境、河道及沿岸环境等六

大领域整治任务、责任单位，首次采取了提级管理方式，市委、市政府主要领导、分管领导以及市人大、市政协主要领导各负责一个领域工作推进，每周对镇街区工作进展进行通报，纳入"蓝黄红"三色管理，层层传导压力，推进工作落实。主要领导带队采取"四不两直"方式，对镇街区农村人居环境整治工作推进情况进行实地督导，不断提升镇村两级领导干部抓人居环境整治工作的责任感和使命感。

（二）坚持创新推动，构建全时段、循环式督查推进机制

印发《龙口市2021年农村人居环境整治工作督查推进办法》，创新建立周自查、月核查、季督查全时段、循环式督查推进机制。周自查，即各镇街区每周确定2—4个村庄，开展农村人居环境整治工作循环式自查自改，报市里备案。月核查，即市里每月对自查整改情况进行现场核查，问题反馈，定期复查。季督查，即市领导带队，每季度选取60个左右村庄，开展观摩评比。通过这种创新机制的推动，形成人居环境整治全时段重视、全时段推进的工作格局。

（三）坚持长效推动，实现城乡环境整治常态化

先后出台《龙口市美丽乡村建设长效管护办法》《龙口市全域人居环境综合整治工作实施意见》《关于强化城乡环境综合整治责任落实机制的工作方案》《健全完善农村改厕规范升级和后续管护工作长效机制实施意见》《龙口市农村人居环境整治区域点位整治标准手册》等多个专项文件，进一步明确了管护内容、管护措施、管护责任，并根据镇街区人居环境整治的推进进度，即时调整为体现工作推进的通报口径，不断调动各方面工作积极性，巩固、扩大环境整治工作成果，有效助推整治常态化、长效化。

第九章　双流区：打造航空经济之都，推动高质量共同富裕

一　双流区"共同富裕"现状分析

（一）经济规模过千亿，奠定共同富裕基础

双流区作为成都市中心城区、全国第四大国际航空枢纽——双流国际机场所在地，肩负着成都建设泛欧泛亚国际门户枢纽"主阵地"、西部（成都）科学城"主战场"和国家战略性新兴产业"新高地"的重大使命。近年来，双流区聚力建设践行新发展理念的中国航空经济之都，在高质量发展中扎实推进共同富裕，促进社会公平、增进民生福祉。目前，双流区实际管辖面积466平方千米，常住人口147万人，位列"全国百强区"第29位，先后被评为全省县域经济发展强区、中国最具幸福感城区，改革开放40年以来连续18年位居四川省"十强县"榜首。2020年双流区地区生产总值历史性迈上千亿台阶，2021年达到1130亿元，比上年增长8.7%，城乡居民人均可支配收入分别达5.5万元、3.5万元。

（二）不断增强共享性，牢牢把好共同富裕路径

党的十八大特别是党的十九届五中全会以来，习近平总书记关于"扎实推进共同富裕"的系列深刻论述，为双流区在高

质量发展中扎实推进共同富裕提供了根本遵循——从涵盖内容来看，共同富裕是"全面富裕"；从参与主体来看，共同富裕是"共同致富"；从发展过程来看，共同富裕是"逐步富裕"。结合实际，双流区扎实推进共同富裕的路径方法既要"做大蛋糕"，更要"分好蛋糕"。2021年，双流区主动从国内城区之间比较找差距，从成都市内城区之间比较找短板——通过与上海闵行区、广州白云区等6个国内城区及成都市中心城区开展对标，发现双流区共同富裕总体呈现"蛋糕还不够大，但分得比较好"的特征。相较于对标城区，双流区在基本公共服务供给、总体收入分配和初次分配等方面表现较好，在城乡收入、各镇（街道）居民收入及公共服务供给水平方面的差距较小；但在"蛋糕不够大"的情况下，较好的共享性不是一种高质量的共同富裕。

二 双流区推进"共同富裕"的主要做法

双流区始终牢记习近平总书记2018年2月亲临视察中国电子8.6代线项目时做出的"三个转变"重要嘱托，积极抢抓成渝地区双城经济圈建设战略机遇，依托国家级天府新区、四川自贸试验区等国家战略优势，以建设践行新发展理念的中国航空经济之都为统揽，主动融入和服务"两场一体"建设大局，打造新时代"企业最容易做生意的地方""市民获得感幸福感安全感增长最快的地方""干部人才心齐气顺只争一流的地方"，计划到2025年地区生产总值将达1400亿元，到2030年地区生产总值将达2000亿元，全面建成中国航空经济之都。

（一）打造企业最容易做生意的地方

双流国际机场位列全球机场30强，是中西部洲际（远程）航线最多、唯一覆盖五大洲的机场，同时拥有自贸区、综保区、保税物流中心及快件中心、进口商品指定口岸四大开放平台，空港监管货值占四川的70%以上，为企业架起融通全球的供应链体系。

一是打造成都泛欧泛亚门户枢纽。"两场一体"下推动机场功能向客货并举转型，实施精品商务航线枢纽建设三年行动计划，培育"北上广深拉"精品商务航线，成都东站、宽窄巷子城市候机楼建成投运，引进公务机航空公司共同打造世界级公务机基地，2021年完成旅客吞吐量4011.7万人次、位居全国第二，货邮吞吐量达到62.8万吨。支持打造顺丰西部航空货运枢纽、递四方国际中转枢纽，利用空铁国际联运港打造"航空+铁路+公路"多式联运体系，国际全货机航线增至15条，打造面向泛欧泛亚、覆盖"一带一路"的航空货运中心。

二是承载国家三大战略性新兴产业。在航空经济上，中国商飞大飞机产业园是除上海外第一个投运的国产民机运营基地，四川国际航空发动机保税维修基地年维修能力达300台、建成亚洲规模最大的发动机保税维修基地，落地空客公司在欧洲之外直接投资建设的首个飞机循环利用项目，2021年全区航空经济产业规模超1200亿元。在电子信息产业上，聚集京东方、海威华芯、嘉纳海威等一批头部企业，打造电子信息国家核心基地，2021年全区电子信息产值首次突破1000亿元。在生物产业上，与成都高新区共建天府国际生物城，被授予全国唯一的重大新药创制、重大专项成果转移转化试点示范基地，2021年全区大健康产业实现产值210亿元。

三是构建国际一流服务链。出台工业经济、楼宇经济等全产业链支持政策，组建总规模243亿元的26支基金，推出"企业咖啡时""企业幸福中心""科创菁英汇"等政企对接服务平台，实施企业诉求不拒绝制、分级派单制、第三方测评制，"企业咖啡时"连续两年被全市评为成都国际化营商环境建设创新案例。2021年助力企业融资252亿元，兑现扶持资金14.3亿元,为企业减税降费40亿元,培育本土上市企业6家、新三板挂牌企业8家、四板挂牌企业126家。

(二) 打造市民获得感幸福感安全感增长最快的地方

紧扣公共服务配套由户籍人口向常住人口"全覆盖"目标,把教育医疗作为城市最基础功能支撑,年均教育财政投入近20亿元,推进中小学、幼儿园三年攻坚行动,在全国率先通过全国县域学前教育普及普惠督导评估,区属高完中全部成为省级示范性中学,区级医院全部达到国家"三甲"标准。规划建设地铁18条、里程230公里,已开通6条地铁、24个站点,是成都市规划地铁站点和里程最多的城区。

一是系统重构规划建设体系。坚持"先策划、后规划、再设计"理念,从项目决策、要素保障等环节出台14个改革文件,开展全区规划建设大攻坚,推动规划建设规范化精细化。以怡心湖为试点引领城市建设向片区综合开发转型。完善"按图施工"全生命周期管理机制,实施设计单位、施工单位"红黑榜",全面提升城市功能品质。

二是推动生态价值转化。推动环城生态公园双流段与双楠大道时尚产业走廊、环高校创新活力区和城市社区互动融合,提档升级"五湖四海"城市公园,规划布局6个未来公园社区,促进双流侧2公里范围内"拥园"发展、价值转化,以华侨城·欢乐田园、熊猫国际家园等项目为抓手,推动农商文旅体融合发展,大力助推全域旅游。

三是努力创造高品质生活。坚持民生支出增幅高于公共财政收入增幅,统筹实施幸福美好生活十大工程,动态调整基本公共服务清单标准,以服务人口半径配套教育、医疗、文化等高品质公共服务设施体系,创造更多就业机会、生活空间、生态场景,完善以居民为核心的福利进步和群团组织带动参与的城市治理,将城市高质量发展成果转化为高品质生活体验。推动残疾人托养等103项基本公共服务向常住人口全覆盖，切实保障市民基本权益；组建人口服务管理委员会、小区管理服务中心，创办空港新居民大学，用心服务新老市民。

（三）打造干部人才心齐气顺只争一流的地方

作为习近平总书记亲自部署的西部（成都）科学城重要承载地，坚持引进外地人才和用好本地人才并重、高端人才与适用人才并抓、人才引育与产业发展融合，聚集国内外顶尖人才和各行各业领军人才2449名、在西部地区排名第1位，40.2万人才总量在全省183个县级行政单位中排名第1位。

一是建设西部（成都）科学城双流分区。与中国电子、中核集团等头部企业打造创新共同体，组建鲲鹏智造生态联盟，布局西部光源等大科学装置；启动新一轮校地企战略合作，鼓励校院企地共同打开有形、无形的"围墙"，与中物院成科中心共建双银创促中心、做强产业创新平台，为川大配套打造院士公寓楼、国际交流中心，与成都信息工程大学共建区块链学院、集成电路产业学院和网络信息安全学院，推动企业技术中心、工业设计中心等创新平台建设走在全市前列。联动成都高新区、天府新区，规划建设剑南大道科创走廊，与天府大道联动打造科创"双走廊"。

二是打造"天府人才第一区"。实施人才"一把手"工程，完善人才在地统计、双向流动等机制，推动项目和人才"双招双引"，推出10亿元人才专项扶持资金池、贡献荣誉奖励等人才新政"2.0"版。激发百万流动人口群体中的高素质人口及农民工创富致富的积极性、主动性、创造性，让流动人口成为双流共同富裕的直接参与者、积极贡献者、共同受益者。

三是优化人才服务体系。建设集线上线下126项服务事项一体的"一站式"人才综合服务中心，搭建"科创菁英汇"校院企地协同创新平台，实行人才奖励扶持申报"容缺受理"，营造关心人才、爱护人才、尊重人才、敬重人才的工作生活环境。丰富"企业咖啡时"内涵外延,开展省外篇、重庆篇,打造线下载体点位、"企业咖啡时"商学院等,提升优化人才培养环境。

三 双流区推进"共同富裕"的深化举措

共同富裕是社会主义的本质要求,是人民群众的共同期盼。双流区重点以增强创富能力为核心,持续做大共同富裕"蛋糕",让人民群众真真切切感受到共同富裕看得见、摸得着、真实可感。

(一)以提升质效和培育新动能"双轮驱动"推动创新致富

双流区以科技创新和数字变革催生城市发展新动能,加快经济结构调整,提高以人均产值为导向的经济发展质量效益,持续增强"做大蛋糕"的能力,为实现共同富裕提供坚实的物质基础。

(二)强化机会均等以高质量就业夯实勤劳致富基础

充分发挥大企业引领带动作用,引导中小企业走"专精特新"之路,推动大中小企业融通发展,保障劳动者平等地获得就业机会和就业待遇的权利,促进人口增长、企业活跃、就业充分、勤劳致富的良性循环,夯实"做大和分好蛋糕"的基础。

(三)满足重点群体需求推动实现全民富裕

聚焦双流区较大规模的流动人口和中低收入群体,进一步激发流动人口创富致富热情,提升中低收入群体创富致富技能,以细分两类人群的多层次差异化需求实施精准施策,增进全体居民福利水平,提升全体居民的获得感和幸福感。

（四）深化城乡融合推动城乡共同富裕

以"城"带"乡"重塑城乡融合发展空间，推进乡村资源带富、集体致富，统筹城市优质资源要素"下乡带富"，推动城市优质公共服务向中心镇集聚，在城乡融合中实现城乡共同富裕。

第十章 迁安市：以科技创新为引领，实现城市高质量转型

迁安市位于河北省东北部，北依燕山、南望渤海，总面积1208平方公里，总人口77.7万，1996年撤县设市，现辖17个镇、4个街道，534个行政村、38个社区。西距北京195公里、天津160公里，境内公路、铁路四通八达，津秦高铁、京哈高速等纵横交错，形成了通达京津大中城市的"1小时通勤圈"。迁安市获得全国文明城市、国家海绵城市、国家卫生城市、国家园林城市、国家节水型城市等荣誉称号，被列为全国质量强市示范城市。

一 迁安市高质量转型取得的主要成就

（一）综合实力走在前列，GDP规模超1000亿元

2020年，完成地区生产总值1006.9亿元，人均GDP达到13万元；完成固定资产投资515亿元；完成一般公共预算收入61.2亿元，城镇、农村居民人均可支配收入分别达45421元、27179元。在全国中小城市百强评比中，综合实力列第16位、投资潜力列第5位、科技创新列第23位，推进质量工作等经验做法被国务院通报表扬。

（二）结构调整积极推进，转型升级成典范

认真贯彻习近平总书记对河北提出的"坚决去、主动调、加快转"要求，坚持以供给侧结构性改革为主线，着力构建多极支撑、多元发展的现代产业体系，跻身国家新型工业化产业示范基地，位列中国工业百强县（市）第18位。精品钢铁产业，坚持以去产能倒逼产业转型升级，累计压减铁946万吨、钢1319.8万吨，"化解钢铁过剩产能、推动产业转型升级"典型经验得到国务院大督查通报表扬。积极延伸产业链条、提升产品档次，硅钢、汽车板、H型钢等精品钢材比重达到35%，是北方最大的硅钢生产基地、亚洲最大的单体线材生产基地。装备制造产业，加快发展钢铁深加工和耗钢产业，正大管业、群瑞电力装备等项目加快建设，引领打造高端装备制造基地、特色零部件生产基地。2020年，耗钢能力突破1000万吨。现代物流产业，坚持以九江翅冀国际贸易、鑫达天润实业、燕钢、世辅贸易等企业为重点，做活"物流+"文章，主营业务收入突破130亿元。生物医药产业，建设了规划面积4平方公里的生物制药及食品产业园，集聚了葵花制药、百善药业等18家企业，形成了生物制药、现代中药、医疗器械、诊断试剂"四位一体"发展格局。文化旅游产业，白羊峪成功晋级4A景区，鑫达钢铁工业园获评3A景区，国家3A以上景区达到6个，实现综合收入87亿元。抢抓长城国家文化公园建设机遇，率先成立全国首家县级长城国家文化公园建设保护机构，与唐山文旅集团达成战略合作，唐山长城文化博物馆、民宿等项目积极推进，打造长城文化旅游经济带。信息技术产业，与紫光云集团达成战略合作，将共建京津冀数据备份中心。氢能产业，出台《引导和支持氢能产业发展若干措施》，制定《氢能与燃料电池产业发展规划》，燕钢公司与上海申风、朝临公司合作实施的氢能产业示范园项目有序推进。

(三）城市发展日新月异，"四级城镇体系"勾勒完成

坚持全域一体、功能分区，确立中心城区、城镇组团、农村社区、特色保留村四位一体的"四级城镇体系"，常住人口城镇化率达到60.02%，位列全国新型城镇化质量百强第12位。城市建设方面，置身京津冀城市群找坐标，立足山水融城禀赋，规划建设了南部新城、滦河生态休闲区、右岸新城三大城市板块，建成区面积达到45平方公里。投入80多亿元实施滦河综合治理工程，形成了14平方公里大湖美景、近7000亩建设岛屿。投入20多亿元完成21.5平方公里建成区海绵化改造，新党校、青少年宫及科技馆、城乡客运站及公交枢纽站等功能地标基本建成，进一步优化城市基底，完备城市功能。经营方面，大力发展沿河经济，国家优选旅游项目中唐天元谷运营良好，"轩辕里民俗休闲街区"获评河北省"省级旅游休闲街区"。坚持以赛会为媒链接世界，放大奥体中心、岛屿公园等平台优势，深化与协会组织等合作，每年举办省级以上体育赛事20余场。管理方面，抢抓入选河北省首批新型智慧城市建设试点机遇，瞄准创建省五星智慧城市目标，高标准打造智慧城市运营指挥中心，跻身中国智慧城市百佳县市。

(四）乡村振兴全面推进，四大片区各具特色

坚持全域统筹，科学规划北部长城、东部田园、西部旅游、南部高铁四大片区，专班推进美丽乡村建设，打造"全国有位、全省一流"样板区，获评全国"四好农村路"示范县、全国村庄清洁行动先进县，入选"2020全国乡村振兴优秀案例"。一是厚植美丽底色。实施乡村建设行动，累计投入6.4亿元推动绿、美、硬、亮、净"五化"改造，覆盖全部行政村，完成道路硬化300多万平方米、墙体美化140多万平方米，实现了乡村风貌的历史性巨变。规划建设了总长百余公里的四条生态绿

道，按照"点上精致、线上精美、面上精彩"思路，建成河北省级美丽乡村 15 个、农业部中国美丽休闲乡村 1 个。二是繁荣乡村产业。融入全域乡村游，依托 5 个旅游重点村、9 个长城沿线观景平台，全年乡村游累计接待人次突破 700 万。结合矿山修复，投资 8.5 亿元打造的金岭矿山传奇公园运营以来接待游客超 10 万人次。大力推广"龙头企业+合作社+农户"模式，培育市级以上龙头企业 13 家。三是加强乡村治理。探索建立乡村振兴数据平台，设置生态宜居、治理有效、产业兴旺、乡风文明、生活富裕五大板块，引领建设数字乡村。擦亮党旗红品牌，十余万群众捐资出工、共建美丽乡村，建成全国文明村镇 3 个、全国乡村治理示范镇 1 个，万宝沟村获评全国先进基层党组织。实施村级综合服务站提升工程，梳理 104 项惠民政策事项清单，开展政策找人、主动上门服务，打造了群众家门口的幸福"加油站"，成功承办河北省村级综合服务站提升现场会。

（五）生态环境显著改善，北方水城之名渐著

认真落实习近平生态文明思想，深入开展生态建设，迁安市跻身全国绿色发展百强第 41 位，荣膺"2020 中国最具绿意百佳县市"。治气上，从 2014 年以来，引导企业累计投入环保资金超百亿元，首钢迁钢成为全国首家全工序超低排放 A 类企业，2020 年空气质量综合指数、PM2.5 浓度下降至 5.29、41 微克/立方米，优良天数占比达 69.7%。投入 22 多亿元推进"公转铁"，每年减少汽车运输百万辆次、减排污染物约 20 万吨。投入 5.8 亿元，积极构建全域闭合货运大通道，推动货车不进城。全域推进"气代煤、电代煤"改造，推广清洁煤使用，进一步优化能源结构。治水上，严格落实河湖长制，深化河道综合治理，全域消灭劣五类和黑臭水体，三里河生态廊道荣膺"中国人居环境范例奖"和"世界景观奖"，黄台湖获评国家水土保持

科技示范园。全域治水 PPP 项目建设积极推进，保护水生态，优化水环境，引领推动水清岸绿河畅。成功创建国家节水型城市，"北方水城"的形象逐渐树立。治山上，坚持"镇街主体、规划先行、因地制宜、依法依规"，制定全域矿山治理规划，加大责任主体灭失矿山迹地综合治理力度，累计完成矿山修复3万余亩。统筹矿山复垦修复与产业融合发展，实施了利合矿坑冷水鱼养殖和威盛固废综合利用产业园等项目，探索形成矿山公园、循环绿色、现代农业模式，推动废弃矿山变身绿水青山、金山银山。实施全域公园化战略，每年绿化投入约8000万元，开展退耕还林、封山育林、人工造林等工程，成功创建河北省森林城市。

（六）发展成果共建共享，民生福祉不断增进

积极践行以人民为中心的发展思想，以为民实事工程为载体，不断增进民生福祉。社会保障全省领先，城乡低保、养老保险、医疗保险兜牢底线，公益慈善、志愿服务温暖人心，顺利完成全国社会救助综合改革试点任务，河北省级双拥模范城实现"六连冠"。建立了500万元的社会救助基金，进一步巩固防返贫防致贫工作基础。社会事业蓬勃发展，积极实施城乡学校新改扩建和普惠性幼儿园建设项目，华北理工大学迁安学院、迁安市技师学院高质量发展，一中教育集团、光彩学前教育集团组建运行，弘毅、睿德等民办教育多元供给，获评国家级职成教育示范县、全国义务教育发展基本均衡市。人民医院、中医院两大医疗集团辐射全域，"镇级操作、市级诊断、互联互通、共享医疗"诊疗模式基本形成，被评为河北省县级公立医院综合改革示范县；投资1.8亿元的妇幼保健院迁建项目有序推进，健康管理中心守护全市人民健康，荣膺中国康养百佳县（市）。国家公共文化服务体系示范项目正式挂牌，中国迁安国际山地越野马拉松、冰雪运动等擦亮品牌，荣膺中国文化建设百佳县市。共同富裕示范区创建扎实起步，广泛开展"万企帮万村"行动，设立运行了规模1亿元的"扶持乡村振兴产业促进共同富裕"公益金，引导社会资本广泛深度参与乡村振兴，促进农民增收致富。市域治理体系现代化建设积极推进，投资8000多万元的"雪亮工程"实战化应用，搭建了市、镇、村三级社会治理综合服务中心平台，国家级法治政府建设示范市创建扎实开展。

二 迁安市以创新引领高质量转型的经验做法

（一）发挥科技的支撑作用，延链提质拓市场

一是依托科技创新延链条。立足钢铁、焦化等传统优势产业基础，大力推进初深加工，推动产值倍增。国家级高新技术企业中溶科技公司全球首创焦炉煤气制乙醇工艺，彦博公司利用域内热轧卷板生产的彩涂板畅销俄罗斯、韩国等海外市场。二是依托科技创新提品质。推动工业企业链接大学院所，引进开发先进适用技术，推动产品提档升级。首钢迁钢研发的高牌号无取向硅钢，被誉为现代钢铁业"皇冠上的明珠"，获国家冶金科技奖。德林思特（迁安）公司与俄罗斯工程院外籍院士团队达成合作，建设感压热转记录电磁屏蔽特种纸深加工生产线，填补国内同类产品生产空白。三是依托科技创新拓市场。以大数据为基础、以供应链平台为载体，谋划实施了中鑫联云商平台项目，构建了一站式钢铁服务平台，集工业品超市、线上招投标、交易结算、物流配送、数据信息等功能为一体，注册用户达到2700余家，平台交易总额突破1000亿元。四是依托科技创新育产业。按照"引进一项新技术，催生一个新产业"思路，鼓励企业积极引进新技术、转化新成果，促进新兴产业多领域开花。迁安宏奥工贸公司与天津大学化工学院、中科院长春应用化学研究所建立了长期研发合作机制，组建了睿安科技

有限公司，进军生物可降解材料领域。

（二）发挥数据的引擎作用，推动"四化"协同发展

围绕强化数字赋能，突出产业数字化、数字产业化、数据要素化、治理数字化"四化"协同发展，打造京津冀数字县域"迁安标杆"。一是搭建"134N"数字迁安建设体系。即构建一个数字大脑，搭建城市统一的基础设施体系；开放三大服务入口，面向全市所有用户群体，搭建城市运行统一决策入口、民生聚合统一服务入口、政务协同统一办公入口；聚焦四张网协同，实现数字政务"一网通达"、数字治理"一网统管"、数字社会"一网通服"、数字经济"一网通衢"；按照实际需要分阶段建设智慧城管、智慧教育、智慧应急等N个应用，提升城市数字化治理水平。二是打造数字乡村。借力紫光集团，完善了乡村振兴大数据平台，全面采集534个行政村人口面积、村容村貌、基础设施、产业现状、党务村务等方面信息，充分发挥大数据统计分析、综合研判、督导监管等功能，赋能全域乡村振兴。三是深化数字政务。整合雪亮工程、数字城管、国土空间地理等现有数据资源，深入实施政务数据归集项目，扩大数据共享应用范围，加快公共数据开放进程，推动互联共享、集中可视。四是推进智能化改造。在钢铁、建材、物流等传统行业，积极开展以智能设备应用、生产计划排程、过程质量控制、数据采集分析、设备监控运修、资源集成互通管控等为重点的智能制造标杆企业建设，瑞阔公司、鼎泰五金、鑫达、乐丫4家企业获评河北省级数字化车间。

（三）发挥企业的主体作用，提升科技创新能力

积极引导规模以上企业和重点企业设立研发机构，提升企业科技创新能力，市域高新技术企业、科技型中小企业分别达到67家、770家，跻身全国县域科技创新百佳县市。一是跨界转型。英诺特（唐山）生物技术有限公司是集研发、生产、销售为一体的体外诊断试剂高新技术企业、欧盟 CE 认证企业，其前身是 1999 年成立的迁安市金丰钢铁公司，继 2010 年从钢铁行业退出并跨界投资 3 亿元投身生物制药产业，2015 年又与中国科学院合作组建了河北艾驰生物科技有限公司，投资 3.5 亿元实施了高端精密仪器制造及配套生化试剂、化学发光试剂项目，在 2020 年应对新冠肺炎疫情中，凭借 10 年技术积累，成为国内首批获得新冠抗体检测试剂注册证号的厂家，获评全国抗击新冠肺炎疫情先进集体。二是院企合作。迁安威盛固废环保实业有限公司生态经济产业园项目，依托北京科技大学、中国科学院过程工程研究所等多家科研院所科创资源，组建了研发团队，自主申请了"含有精炼渣的全固废胶凝材料及其制备方法"等 8 项专利，是全国首家一站式钢铁固废资源化、高值化应用基地。三是自主研发。首钢股份公司迁安钢铁公司注册成立于 2002 年，始终坚持创新引领、自主研发，开发形成的大型高炉长周期低成本稳定运行系列技术，实现高炉各项技术经济指标居于国内领先水平；低成本高端高效洁净钢水冶炼系列技术，在国内钢铁企业中率先实现了"一键式炼钢""一键式精炼"；优质薄板生产工艺系列技术，带动提升了不同系列、不同规格板卷板型控制和表面质量控制水平，具有品种齐全、规格配套的冷热系全覆盖板材产品序列。

（四）发挥政府的主导作用，强化服务意识和行动

一是加强顶层设计。始终树牢全市"一盘棋"理念，着眼整体、把握大局，加强前瞻性思考、全局性谋划、战略性布局，确定了"15678"的基本思路，引领推动钢铁资源型城市全面绿色转型。二是优化发展平台。按照板块式布局、链条式集聚、集约式发展的思路，高标准规划建设了 4 家省级园区，建成区面积 69 平方公里，2020 年实现主营业务收入 2860 亿元，贡献

税收82.2亿元，创造了80%的经济总量，带动8万人就业。迁安市经济技术开发区荣膺全省能级提升综合示范开发区，迁安市高新技术产业开发区跻身省8家拟支持创新型园区建设试点，北方钢铁物流产业区被评为中国物流示范基地，滦河文化产业区跻身河北省十大文化产业园区。三是搭好桥梁纽带。坚持招商大气魄，瞄准对接京津、深挖民资潜力、产业链招商、"金凤还巢"四大主攻方向，着力引进落地一批优质项目。持续推进百家科研院所进迁安，与北京科技大学、首钢集团就共建政产学研用基地达成战略合作，建设院士工作站、工程技术中心等省级以上科创平台14个。

（五）发挥改革的先导作用，开拓发展新局面

坚持从全局谋划一域、以一域服务全局，扎实推进符合中央和省市要求、体现迁安特点的改革探索，依靠改革积极应对变局，努力开拓新局。一是抢抓国家和省市试点政策机遇，国家大宗固废综合利用基地等37项含金量高的国家、省级试点落地见效，有效激发政府活力、释放市场活力、提升社会活力。二是深化"放管服"改革，推进政务服务事项无差别"一窗受理"，189项权限下放园区、镇街，从企业注册、项目备案，到项目选址、用地许可、施工许可、最后竣工验收备案，审批服务实现"园区办、不出园"，打造了高效便捷的营商环境。三是积极探索投融资体制改革，组建了县属国有迁控公司，AA+评级申报创建扎实开展，在服务企业、助力融资等方面释放乘数效应，促进实体经济发展。四是深化服务标准化改革，坚持用标准规范行政审批行为，成为河北省首家获得国家级社会管理和公共服务综合标准化试点的县（市、区），促进提高社会管理科学化水平，推动基本公共服务均等化。

（六）发挥人才的核心作用，加快汇聚创新力量

始终把人才作为"第一资源"，深入实施人才强市战略，为

加快高质量发展汇聚创新力量。一是围绕产业链布局人才链。坚持"产学研"深度融合，全方位深化与首钢股份、燕山大学等央企名企、大学院所战略合作，柔性引进创新型、创业型、实用型、紧缺型人才。二是强化公共事业人才供给。聚焦教育卫生等公共事业发展需要，面向"双一流"大学，定向选聘高层次教育卫生人才，给编制、给待遇、给舞台，打造专技型人才队伍。三是实施企业家素质提升工程。设立专项财政资金，组织企业家到北京科技大学等高等院所学习培训，引导他们解放思想、开阔眼界、转型发展，进一步培育壮大本土企业人才梯队。

附录 400样本县(市)综合竞争力指标值

县(市)	Z1 经济规模竞争力			Z2 经济结构竞争力		Z3 市场需求竞争力		Z4 公共财政竞争力			Z5 金融资源竞争力		Z6 居民收入竞争力		Z7 基础教育竞争力		Z8 卫生福利竞争力				Z9 生态环境竞争力	
	Z1.1 GDP规模(亿元)	Z1.2 人均GDP(万元)	Z1.3 GDP增长率(%)	Z2.1 第一产业增加值占GDP的比重(%)	Z2.2 第三产业增加值占GDP的比重(%)	Z3.1 消费规模(亿元)	Z3.2 消费占GDP的比重(%)	Z4.1 地方公共财政收入(亿元)	Z4.2 人均地方公共财政收入(元)	Z4.3 地方公共财政收入占GDP的比重(%)	Z5.1 居民储蓄额(亿元)	Z5.2 人均居民储蓄额(万元)	Z6.1 城镇居民人均可支配收入(元)	Z6.2 农村居民人均可支配收入(元)	Z7.1 小学在校生占常住人口的比重(%)	Z7.2 中学在校生占常住人口的比重(%)	Z8.1 千人医院床位数(张)	Z8.2 千人福利床位数(张)	Z8.3 城市低保标准占比(%)	Z8.4 农村低保标准占比(%)	Z9.1 建成区绿化覆盖率(%)	Z9.2 森林覆盖率(%)
正定县	293.3	5.34	6.2	14.3	61.3	78.7	26.8	43.6	7937	14.9	442.0	8.05	36675	21772	9.1	5.4	4.4	6.3	22.7	24.6	40.9	28.9
辛集市	426.4	7.17	3.9	13.6	24.0	103.1	24.2	27.1	4557	6.4	399.9	6.72	39142	20407	7.4	4.8	3.6	2.0	21.3	26.3	39.6	23.7
滦南县	291.1	5.72	4.3	32.4	35.2	90.9	31.2	15.1	2969	5.2	290.5	5.71	41981	17854	5.5	5.4	4.9	5.3	19.9	30.0	40.5	35.5

续表

县(市)	Z1.1 GDP规模(亿元)	Z1.2 人均GDP(万元)	Z1.3 GDP增长率(%)	Z2.1 第一产业增加值占GDP的比重(%)	Z2.2 第三产业增加值占GDP的比重(%)	Z3.1 消费规模(亿元)	Z3.2 消费占GDP的比重(%)	Z4.1 地方公共财政收入(亿元)	Z4.2 人均地方公共财政收入(元)	Z4.3 地方公共财政收入占GDP的比重(%)	Z5.1 居民储蓄额(亿元)	Z5.2 人均居民储蓄额(万元)	Z6.1 城镇居民人均可支配收入(元)	Z6.2 农村居民人均可支配收入(元)	Z7.1 小学在校生占常住人口的比重(%)	Z7.2 中学在校生占常住人口的比重(%)	Z8.1 千人医院床位数(张)	Z8.2 千人福利床位数(张)	Z8.3 城市低保标准占比(%)	Z8.4 农村低保标准占比(%)	Z9.1 建成区绿化覆盖率(%)	Z9.2 森林覆盖率(%)
迁西县	322.5	8.82	3.3	7.0	27.5	65.1	20.2	16.4	4491	5.1	271.2	7.42	44068	20256	7.9	5.6	5.4	3.7	18.9	26.4	45.4	63.2
玉田县	280.5	4.22	4.1	24.7	33.7	90.9	32.4	13.2	1985	4.7	459.4	6.91	40284	20034	7.5	4.9	4.8	0.8	20.7	26.7	40.5	19.1
遵化市	450.2	6.37	4.5	12.4	45.0	157.3	34.9	17.2	2433	3.8	488.7	6.91	43362	19878	8.5	5.9	4.7	1.2	19.2	26.9	42.6	64.7
迁安市	1006.9	12.96	4.4	3.4	31.5	252.3	25.1	61.2	7879	6.1	703.9	9.06	45421	27197	9.1	5.2	5.7	5.5	18.4	19.7	43.2	46.5
滦州市	416.1	8.00	4.1	12.4	29.4	91.7	22.0	23.6	4538	5.7	313.7	6.03	45391	20476	7.2	5.0	4.2	0.5	18.4	26.2	41.9	31.5
昌黎县	302.1	6.19	5.0	22.9	37.3	65.3	21.6	17.6	3609	5.8	454.6	9.32	35848	18951	5.5	4.9	4.5	2.6	23.3	28.3	39.3	29.8
武安市	667.8	8.23	4.2	5.2	33.9	129.3	19.4	50.7	6243	7.6	572.0	7.05	41971	18467	10.9	6.4	4.7	1.3	19.9	29.0	48.7	49.6
沙河市	191.8	4.44	3.1	3.9	55.9	74.2	38.7	13.7	3172	7.1	275.7	6.39	36095	18894	10.4	6.8	3.9	1.8	23.1	28.4	38.7	38.7
涿州市	347.2	5.20	3.1	6.9	72.3	177.3	51.1	33.4	5002	9.6	414.0	6.20	41968	21718	7.1	4.6	6.4	2.6	19.9	24.7	37.0	26.6
定州市	342.0	3.12	3.4	23.5	41.5	100.7	29.4	25.8	2352	7.5	504.5	4.60	37980	19112	7.5	6.3	4.9	1.1	22.0	28.0	40.1	18.4

中国县域经济发展报告(2021) 147

续表

县(市)	Z1 经济规模竞争力			Z2 经济结构竞争力		Z3 市场需求竞争力		Z4 公共财政竞争力			Z5 金融资源竞争力		Z6 居民收入竞争力		Z7 基础教育竞争力		Z8 卫生福利竞争力				Z9 生态环境竞争力	
	Z1.1 GDP规模(亿元)	Z1.2 人均GDP(万元)	Z1.3 GDP增长率(%)	Z2.1 第一产业增加值占GDP的比重(%)	Z2.2 第三产业增加值占GDP的比重(%)	Z3.1 消费规模(亿元)	Z3.2 消费占GDP的比重(%)	Z4.1 地方公共财政收入(亿元)	Z4.2 人均地方公共财政收入(元)	Z4.3 地方公共财政收入占GDP的比重(%)	Z5.1 居民储蓄额(亿元)	Z5.2 人均居民储蓄额(万元)	Z6.1 城镇居民人均可支配收入(元)	Z6.2 农村居民人均可支配收入(元)	Z7.1 小学在校生占常住人口的比重(%)	Z7.2 中学在校生占常住人口的比重(%)	Z8.1 千人医院床位数(张)	Z8.2 千人福利床位数(张)	Z8.3 城市低保标准占比(%)	Z8.4 农村低保标准占比(%)	Z9.1 建成区绿化覆盖率(%)	Z9.2 森林覆盖率(%)
任丘市	571.5	7.00	-3.1	2.4	51.9	94.5	16.5	36.8	4508	6.4	543.6	6.66	40110	19358	11.1	5.8	5.4	2.8	20.8	27.7	40.8	39.0
黄骅市	259.1	5.35	4.5	12.8	57.7	74.3	28.7	19.5	4026	7.5	307.1	6.34	38837	19152	9.4	6.2	7.3	1.9	21.5	28.0	38.5	21.4
固安县	335.2	5.82	7.3	14.1	66.9	74.5	22.2	50.2	8710	15.0	297.5	5.16	41393	18711	10.8	5.4	2.6	0.5	20.2	28.6	42.5	37.3
文安县	200.0	3.67	3.7	6.5	42.4	49.9	24.9	15.1	2775	7.6	305.3	5.60	43355	19435	11.9	4.8	4.9	1.7	19.2	27.6	39.0	32.7
霸州市	408.8	5.50	3.6	2.8	45.3	187.3	45.8	27.3	3673	6.7	509.5	6.86	48209	20031	12.0	5.8	5.1	2.1	17.3	26.7	42.3	31.0
三河市	531.6	5.51	4.5	3.6	69.1	221.0	41.6	58.2	6031	10.9	647.9	6.71	49636	22321	10.6	5.9	7.9	6.7	16.8	24.0	40.0	30.2
襄垣县	224.8	8.64	5.7	2.5	30.7	32.8	14.6	18.0	6921	8.0	192.0	7.38	40291	18658	5.7	3.8	5.2	0.8	17.5	28.5	39.1	15.9
泽州县	300.5	7.24	6.3	4.9	26.7	48.7	16.2	26.5	6386	8.8	97.5	2.35	37553	17866	3.3	3.1	4.7	2.4	18.7	29.3	50.6	28.5
高平市	252.3	5.57	6.4	6.0	42.0	58.5	23.2	23.7	5239	9.4	238.5	5.27	36373	16617	4.6	4.5	3.5	2.9	19.3	31.5	41.5	12.4
山阴县	151.0	7.57	6.6	6.9	51.7	39.2	26.0	12.3	6165	8.1	151.1	7.57	38024	19476	4.9	4.2	6.5	1.3	18.5	26.8	39.7	54.0

续表

县(市)	Z1 经济规模竞争力			Z2 经济结构竞争力		Z3 市场需求竞争力		Z4 公共财政竞争力			Z5 金融资源竞争力		Z6 居民收入竞争力		Z7 基础教育竞争力		Z8 卫生福利竞争力				Z9 生态环境竞争力	
	Z1.1 GDP规模(亿元)	Z1.2 人均GDP(万元)	Z1.3 GDP增长率(%)	Z2.1 第一产业增加值占GDP的比重(%)	Z2.2 第三产业增加值占GDP的比重(%)	Z3.1 消费规模(亿元)	Z3.2 消费占GDP的比重(%)	Z4.1 地方公共财政收入(亿元)	Z4.2 人均地方公共财政收入(元)	Z4.3 地方公共财政收入占GDP的比重(%)	Z5.1 居民储蓄额(亿元)	Z5.2 人均居民储蓄额(万元)	Z6.1 城镇居民人均可支配收入(元)	Z6.2 农村居民人均可支配收入(元)	Z7.1 小学在校生占常住人口的比重(%)	Z7.2 中学在校生占常住人口的比重(%)	Z8.1 千人医院床位数(张)	Z8.2 千人福利床位数(张)	Z8.3 城市低保标准占比(%)	Z8.4 农村低保标准占比(%)	Z9.1 建成区绿化覆盖率(%)	Z9.2 森林覆盖率(%)
怀仁市	228.0	6.54	5.1	5.7	45.9	78.3	34.3	12.9	3702	5.7	235.0	6.74	39332	19368	10.3	15.3	5.2	5.6	17.9	27.0	40.9	28.0
灵石县	243.4	9.87	5.9	1.7	32.1	66.9	27.5	18.4	7465	7.6	232.3	9.42	42680	20238	7.6	6.5	3.0	1.4	16.5	25.8	47.8	33.0
介休市	241.9	5.60	5.0	2.1	33.2	90.7	37.5	20.6	4767	8.5	278.5	6.44	38901	16619	8.6	5.5	6.1	1.0	18.1	31.5	44.1	26.0
河津市	259.9	6.62	4.6	4.0	34.9	70.2	27.0	14.3	3643	5.5	175.8	4.48	32584	16147	6.6	5.3	5.7	5.5	21.6	32.4	37.2	30.0
洪洞县	150.1	2.35	0.5	6.9	48.5	73.0	48.6	9.2	1444	6.1	211.4	3.31	32237	13911	6.3	4.5	3.6	0.4	21.8	37.8	44.9	16.3
孝义市	322.0	6.75	1.8	2.6	39.3	163.3	50.7	27.1	5678	8.4	415.2	8.70	38030	19682	8.1	6.2	2.6	2.5	18.5	26.6	42.7	33.3
土默特右旗	164.9	6.95	1.5	25.4	44.4	41.4	25.1	7.0	2961	4.3	44.6	1.88	40020	20795	4.3	2.5	2.9	1.5	21.5	29.6	37.7	33.0
霍林郭勒市	144.0	10.38	-1.6	1.8	26.3	43.4	30.1	12.9	9273	8.9	66.0	4.76	47638	33470	6.7	5.4	6.2	0.4	18.0	18.4	45.0	50.0

续表

县(市)	Z1 经济规模竞争力 Z1.1 GDP规模(亿元)	Z1.2 人均GDP(万元)	Z1.3 GDP增长率(%)	Z2 经济结构竞争力 Z2.1 第一产业增加值占GDP的比重(%)	Z2.2 第三产业增加值占GDP的比重(%)	Z3 市场需求竞争力 Z3.1 消费规模(亿元)	Z3.2 消费占GDP的比重(%)	Z4 公共财政竞争力 Z4.1 地方公共财政收入(亿元)	Z4.2 人均地方公共财政收入(元)	Z4.3 地方公共财政收入占GDP的比重(%)	Z5 金融资源竞争力 Z5.1 居民储蓄额(亿元)	Z5.2 人均居民储蓄额(万元)	Z6 居民收入竞争力 Z6.1 城镇居民人均可支配收入(元)	Z6.2 农村居民人均可支配收入(元)	Z7 基础教育竞争力 Z7.1 小学在校生占常住人口的比重(%)	Z7.2 中学在校生占常住人口的比重(%)	Z8 卫生福利竞争力 Z8.1 千人医院床位数(张)	Z8.2 千人福利床位数(张)	Z8.3 城市低保标准占比(%)	Z8.4 农村低保标准占比(%)	Z9 生态环境竞争力 Z9.1 建成区绿化覆盖率(%)	Z9.2 森林覆盖率(%)
达拉特旗	319.7	9.73	-1.9	14.0	42.7	42.5	13.3	20.1	6113	6.3	154.3	4.70	45098	20968	7.6	4.8	3.3	7.2	19.0	29.3	46.1	46.7
准格尔旗	751.9	20.93	-9.8	1.7	32.2	121.4	16.1	82.7	23024	11.0	359.3	10.00	51380	20944	7.3	4.2	4.3	4.8	16.7	29.3	37.6	75.0
鄂托克旗	373.0	22.92	3.6	2.7	23.1	30.3	8.1	28.5	17514	7.6	104.2	6.40	49594	21933	6.1	3.0	3.0	4.8	17.3	28.0	41.9	65.0
伊金霍洛旗	710.7	28.66	-4.2	1.3	30.9	54.8	7.7	75.7	30526	10.7	319.3	12.88	52132	21605	7.9	3.2	6.5	2.6	16.5	28.4	48.4	87.0
满洲里市	141.5	9.40	-6.6	2.5	71.2	47.9	33.9	9.8	6511	6.9	167.5	11.13	40338	20836	5.3	5.5	7.0	2.3	21.3	29.5	35.0	42.0

续表

县(市)	Z1 经济规模竞争力 Z1.1 GDP规模(亿元)	Z1.2 人均GDP(万元)	Z1.3 GDP增长率(%)	Z2 经济结构竞争力 Z2.1 第一产业增加值占GDP的比重(%)	Z2.2 第三产业增加值占GDP的比重(%)	Z3 市场需求竞争力 Z3.1 消费规模(亿元)	Z3.2 消费占GDP的比重(%)	Z4 公共财政竞争力 Z4.1 地方公共财政收入(亿元)	Z4.2 人均地方公共财政收入(元)	Z4.3 地方公共财政收入占GDP的比重(%)	Z5 金融资源竞争力 Z5.1 居民储蓄额(亿元)	Z5.2 人均居民储蓄额(万元)	Z6 居民收入竞争力 Z6.1 城镇居民人均可支配收入(元)	Z6.2 农村居民人均可支配收入(元)	Z7 基础教育竞争力 Z7.1 小学在校生占常住人口的比重(%)	Z7.2 中学在校生占常住人口的比重(%)	Z8 卫生福利竞争力 Z8.1 千人医院床位数(张)	Z8.2 千人福利床位数(张)	Z8.3 城市低保标准占比(%)	Z8.4 农村低保标准占比(%)	Z9 生态环境竞争力 Z9.1 建成区绿化覆盖率(%)	Z9.2 森林覆盖率(%)
锡林浩特市	245.5	7.02	12.4	8.1	47.7	93.8	38.2	23.5	6721	9.6	207.7	5.94	46280	30598	6.9	6.9	9.9	3.8	18.6	20.1	36.1	49.7
法库县	183.3	5.38	0.8	24.0	54.0	61.4	33.5	12.2	3583	6.7	127.1	3.73	29413	18470	3.6	3.5	2.7	4.4	26.7	28.9	36.0	28.7
新民市	257.9	4.56	5.4	30.4	45.4	94.6	36.7	13.7	2418	5.3	262.7	4.64	31417	19749	3.9	3.6	4.4	3.3	25.0	27.1	28.0	10.1
瓦房店市	806.2	9.85	3.0	13.3	39.7	81.4	10.1	53.0	6477	6.6	620.0	7.57	33835	20907	5.3	3.5	6.7	6.8	23.2	25.6	39.5	33.4
庄河市	501.5	6.75	3.1	23.8	36.1	205.2	40.9	61.5	8283	12.3	541.6	7.29	36435	20610	3.6	3.3	6.9	9.2	21.6	25.9	41.7	48.0
海城市	547.9	5.13	0.0	7.9	56.5	302.3	55.2	34.2	3203	6.2	830.2	7.77	33009	20315	5.3	2.8	4.8	4.2	23.8	26.3	39.5	33.3
东港市	219.4	3.86	2.5	36.3	44.3	48.8	22.2	15.2	2673	6.9	464.3	8.17	31916	20192	3.6	4.3	6.5	3.8	24.6	26.5	31.0	30.1
凤城市	165.9	3.53	0.9	18.5	50.8	37.0	22.3	10.9	2322	6.6	334.4	7.13	25893	18845	3.5	3.9	6.9	3.2	30.4	28.4	41.1	73.6

续表

县(市)	Z1.1 GDP规模(亿元)	Z1.2 人均GDP(万元)	Z1.3 GDP增长率(%)	Z2.1 第一产业增加值占GDP的比重(%)	Z2.2 第三产业增加值占GDP的比重(%)	Z3.1 消费规模(亿元)	Z3.2 消费占GDP的比重(%)	Z4.1 地方公共财政收入(亿元)	Z4.2 人均地方公共财政收入(元)	Z4.3 地方公共财政收入占GDP的比重(%)	Z5.1 居民储蓄额(亿元)	Z5.2 人均居民储蓄额(万元)	Z6.1 城镇居民人均可支配收入(元)	Z6.2 农村居民人均可支配收入(元)	Z7.1 小学在校生占常住人口的比重(%)	Z7.2 中学在校生占常住人口的比重(%)	Z8.1 千人医院床位数(张)	Z8.2 千人福利床位数(张)	Z8.3 城市低保标准占比(%)	Z8.4 农村低保标准占比(%)	Z9.1 建成区绿化覆盖率(%)	Z9.2 森林覆盖率(%)
盖州市	159.2	2.85	3.7	27.6	46.9	92.3	58.0	9.3	1656	5.8	284.6	5.09	30150	18503	3.9	2.1	4.2	5.5	26.1	28.9	37.0	65.0
大石桥市	271.2	4.47	0.5	13.2	47.1	166.8	61.5	19.7	3241	7.3	454.3	7.48	40512	20225	4.6	3.6	5.9	2.4	19.4	26.4	34.5	34.3
盘山县	206.7	9.26	8.6	22.1	25.6	29.1	14.1	27.0	12101	13.1	134.8	6.04	30867	21190	3.4	9.1	4.5	5.9	25.5	25.2	35.0	17.5
绥中县	166.8	3.06	1.4	36.0	42.7	37.5	22.5	12.7	2326	7.6	323.1	5.92	24694	14971	5.7	5.0	4.4	2.5	31.8	35.7	36.2	48.0
农安县	292.3	3.37	1.9	47.3	40.6	32.2	11.0	12.4	1427	4.2	341.4	3.94	29841	16445	4.4	3.9	4.2	4.4	21.8	26.4	37.3	13.2
德惠市	249.3	3.60	-2.0	35.8	50.3	56.6	22.7	9.1	1310	3.6	292.5	4.23	28877	16700	4.9	4.6	4.8	3.3	22.6	26.0	30.5	4.0
公主岭市	312.4	3.62	-2.6	27.2	51.3	66.7	21.3	15.2	1763	4.9	376.4	4.37	30593	16650	5.6	5.5	6.1	5.8	21.3	26.0	31.2	23.4
梅河口市	300.0	5.89	3.8	7.5	55.0	52.4	17.5	19.6	3840	6.5	277.8	5.45	30068	15552	4.1	4.0	5.9	6.7	21.7	27.9	44.7	30.0

续表

县(市)	Z1 经济规模竞争力 Z1.1 GDP规模(亿元)	Z1.2 人均GDP(万元)	Z1.3 GDP增长率(%)	Z2 经济结构竞争力 Z2.1 第一产业增加值占GDP的比重(%)	Z2.2 第三产业增加值占GDP的比重(%)	Z3 市场需求竞争力 Z3.1 消费规模(亿元)	Z3.2 消费占GDP的比重(%)	Z4 公共财政竞争力 Z4.1 地方公共财政收入(亿元)	Z4.2 人均地方公共财政收入(元)	Z4.3 地方公共财政收入占GDP的比重(%)	Z5 金融资源竞争力 Z5.1 居民储蓄额(亿元)	Z5.2 人均居民储蓄额(万元)	Z6 居民收入竞争力 Z6.1 城镇居民人均可支配收入(元)	Z6.2 农村居民人均可支配收入(元)	Z7 基础教育竞争力 Z7.1 小学在校生占常住人口的比重(%)	Z7.2 中学在校生占常住人口的比重(%)	Z8 卫生福利竞争力 Z8.1 千人医院床位数(张)	Z8.2 千人福利床位数(张)	Z8.3 城市低保标准占比(%)	Z8.4 农村低保标准占比(%)	Z9 生态环境竞争力 Z9.1 建成区绿化覆盖率(%)	Z9.2 森林覆盖率(%)
延吉市	314.6	4.58	-0.4	1.4	64.2	199.6	63.5	23.8	3467	7.6	566.2	8.25	36980	16732	5.0	4.0	8.0	7.7	17.6	25.9	37.9	64.0
宾县	173.3	3.90	0.3	25.0	64.7	114.6	66.1	4.9	1103	2.8	144.4	3.25	27336	18294	4.3	4.2	3.7	5.4	26.1	23.8	38.5	31.9
五常市	284.0	3.92	0.8	36.2	50.3	99.6	35.1	6.0	828	2.1	239.7	3.31	27614	20900	3.4	2.3	3.7	2.7	25.8	20.8	31.6	54.0
安达市	181.7	5.08	2.5	23.4	61.7	43.8	24.1	10.5	2937	5.8	153.2	4.28	29676	18522	3.0	3.6	4.5	6.7	24.0	23.5	29.3	23.0
肇东市	219.9	3.30	2.2	42.8	44.9	79.1	36.0	11.9	1785	5.4	227.8	3.42	29716	19081	3.1	3.2	2.7	3.6	24.0	22.8	42.2	23.2
江阴市	4113.8	23.12	3.0	0.9	48.2	675.1	16.4	259.7	14592	6.3	1384.3	7.78	72185	38416	6.1	3.7	5.8	5.2	12.4	22.9	43.9	20.3
宜兴市	1832.2	14.25	3.0	2.9	46.1	512.3	28.0	127.6	9923	7.0	1229.2	9.56	61090	32430	5.3	3.4	5.8	6.2	14.6	27.1	43.4	24.6
丰县	486.5	5.20	3.1	19.0	44.0	260.1	53.4	30.0	3209	6.2	341.0	3.65	30497	19516	9.9	5.4	4.2	5.6	29.3	45.0	40.9	36.0
沛县	805.0	7.75	3.9	14.7	44.3	427.6	53.1	46.1	4443	5.7	411.6	3.96	36272	21899	10.1	5.2	5.2	5.7	24.6	40.1	45.3	21.0
睢宁县	619.3	5.69	2.8	17.7	43.6	422.3	68.2	38.5	3537	6.2	381.0	3.50	31018	19240	11.3	5.6	5.2	5.9	28.8	45.7	43.5	26.5

续表

县(市)	Z1 经济规模竞争力			Z2 经济结构竞争力		Z3 市场需求竞争力		Z4 公共财政竞争力			Z5 金融资源竞争力		Z6 居民收入竞争力		Z7 基础教育竞争力		Z8 卫生福利竞争力				Z9 生态环境竞争力	
	Z1.1 GDP规模(亿元)	Z1.2 人均GDP(万元)	Z1.3 GDP增长率(%)	Z2.1 第一产业增加值占GDP的比重(%)	Z2.2 第三产业增加值占GDP的比重(%)	Z3.1 消费规模(亿元)	Z3.2 消费占GDP的比重(%)	Z4.1 地方公共财政收入(亿元)	Z4.2 人均地方公共财政收入(元)	Z4.3 地方公共财政收入占GDP的比重(%)	Z5.1 居民储蓄额(亿元)	Z5.2 人均居民储蓄额(万元)	Z6.1 城镇居民人均可支配收入(元)	Z6.2 农村居民人均可支配收入(元)	Z7.1 小学在校生占常住人口的比重(%)	Z7.2 中学在校生占常住人口的比重(%)	Z8.1 千人医院床位数(张)	Z8.2 千人福利床位数(张)	Z8.3 城市低保标准占比(%)	Z8.4 农村低保标准占比(%)	Z9.1 建成区绿化覆盖率(%)	Z9.2 森林覆盖率(%)
新沂市	692.2	7.14	3.1	13.0	48.7	286.8	41.4	37.5	3866	5.4	300.7	3.10	33255	20197	12.5	7.6	4.8	5.8	26.8	43.5	43.7	26.9
邳州市	1001.3	6.85	3.9	15.9	44.5	332.7	33.2	43.9	3002	4.4	474.9	3.25	37744	21277	12.6	7.9	5.5	5.5	23.7	41.3	43.9	30.8
溧阳市	1086.4	13.84	4.6	5.0	45.3	317.5	29.2	73.8	9400	6.8	637.2	8.12	55478	30083	5.3	3.7	5.1	7.3	16.1	29.2	43.0	29.2
常熟市	2360.0	14.07	4.5	1.7	49.6	1031.6	43.7	213.7	12743	9.1	1538.8	9.18	71514	38066	5.6	3.3	5.9	6.4	12.5	23.1	45.8	17.7
张家港市	2686.6	18.76	3.9	1.1	48.3	688.5	25.6	250.3	17479	9.3	1289.0	9.00	71805	37935	7.3	4.0	8.1	8.1	12.4	23.4	40.4	23.5
昆山市	4276.8	20.44	4.0	0.7	49.0	1398.1	32.7	428.0	20454	10.0	1519.8	7.26	71519	38320	9.3	3.8	4.6	4.0	12.5	22.9	44.2	20.0
太仓市	1386.1	16.68	3.9	1.9	50.0	425.0	30.7	171.1	20589	12.3	669.7	8.06	70592	37521	7.0	3.4	5.6	6.6	12.6	23.4	40.6	29.6
如东县	1155.1	13.13	5.9	7.9	43.6	407.0	35.2	60.0	6820	5.2	783.8	8.91	49565	23773	3.1	2.5	4.2	6.6	18.0	37.0	42.3	24.4
启东市	1223.1	12.64	4.2	6.9	44.9	413.6	33.8	72.0	7444	5.9	982.2	10.15	50238	27617	4.1	3.1	4.8	7.2	17.8	31.8	43.6	35.0

续表

县(市)	Z1.1 GDP规模(亿元)	Z1.2 人均GDP(万元)	Z1.3 GDP增长率(%)	Z2.1 第一产业增加值占GDP的比重(%)	Z2.2 第三产业增加值占GDP的比重(%)	Z3.1 消费规模(亿元)	Z3.2 消费占GDP的比重(%)	Z4.1 地方公共财政收入(亿元)	Z4.2 人均地方公共财政收入(元)	Z4.3 地方公共财政收入占GDP的比重(%)	Z5.1 居民储蓄额(亿元)	Z5.2 人均居民储蓄额(万元)	Z6.1 城镇居民人均可支配收入(元)	Z6.2 农村居民人均可支配收入(元)	Z7.1 小学在校生占常住人口的比重(%)	Z7.2 中学在校生占常住人口的比重(%)	Z8.1 千人医院床位数(张)	Z8.2 千人福利床位数(张)	Z8.3 城市低保标准占比(%)	Z8.4 农村低保标准占比(%)	Z9.1 建成区绿化覆盖率(%)	Z9.2 森林覆盖率(%)
如皋市	1305.2	10.54	5.3	5.9	46.3	457.8	35.1	72.0	5815	5.5	922.7	7.45	49118	23599	5.3	4.0	5.6	5.9	18.2	37.2	41.6	23.0
海安市	1221.6	13.97	5.8	5.9	41.5	356.1	29.1	64.5	7382	5.3	876.3	10.02	50044	25176	3.9	3.1	6.5	9.3	17.8	34.9	44.3	25.1
东海县	553.8	5.29	4.1	15.4	45.0	243.7	44.0	24.7	2356	4.5	308.6	2.95	36319	20002	12.7	7.7	4.9	3.9	24.6	43.9	42.5	26.5
灌云县	381.6	5.26	4.4	20.9	44.5	76.0	19.9	22.6	3119	5.9	201.9	2.79	30393	17959	8.8	5.5	5.5	3.8	29.4	48.9	41.8	21.0
灌南县	396.9	6.48	2.9	16.8	38.8	90.8	22.9	23.9	3909	6.0	150.2	2.45	32386	17192	10.1	6.0	6.0	5.6	27.6	51.1	40.8	29.2
涟水县	554.1	6.68	3.3	13.0	45.8	204.8	37.0	24.0	2890	4.3	244.6	2.95	33413	18422	8.4	6.8	5.3	5.3	26.7	47.7	40.9	23.8
盱眙县	435.3	7.17	3.1	17.3	46.9	165.0	37.9	19.3	3177	4.4	238.1	3.92	40531	19933	7.7	5.9	5.7	10.1	22.0	44.1	44.2	23.1
金湖县	336.5	11.63	3.5	13.4	44.6	120.0	35.7	23.5	8132	7.0	179.8	6.21	42970	22109	3.9	2.8	4.9	5.9	20.8	39.7	43.0	22.0
响水县	405.7	8.84	6.1	12.7	42.4	105.0	25.9	23.1	5031	5.7	152.6	3.32	33554	19843	9.1	6.4	5.6	4.7	26.6	44.3	41.5	27.0
滨海县	503.9	6.14	0.2	14.1	47.4	227.2	45.1	24.4	2970	4.8	266.1	3.25	35134	20610	8.1	6.1	4.9	3.3	25.4	42.6	42.1	21.0

续表

县(市)	Z1.1 GDP规模(亿元)	Z1.2 人均GDP(万元)	Z1.3 GDP增长率(%)	Z2.1 第一产业增加值占GDP的比重(%)	Z2.2 第三产业增加值占GDP的比重(%)	Z3.1 消费规模(亿元)	Z3.2 消费占GDP的比重(%)	Z4.1 地方公共财政收入(亿元)	Z4.2 人均地方公共财政收入(元)	Z4.3 地方公共财政收入占GDP的比重(%)	Z5.1 居民储蓄额(亿元)	Z5.2 人均居民储蓄额(万元)	Z6.1 城镇居民人均可支配收入(元)	Z6.2 农村居民人均可支配收入(元)	Z7.1 小学在校生占常住人口的比重(%)	Z7.2 中学在校生占常住人口的比重(%)	Z8.1 千人医院床位数(张)	Z8.2 千人福利床位数(张)	Z8.3 城市低保标准占比(%)	Z8.4 农村低保标准占比(%)	Z9.1 建成区绿化覆盖率(%)	Z9.2 森林覆盖率(%)
阜宁县	574.2	7.23	2.4	11.6	47.4	229.1	39.9	28.3	3565	4.9	371.5	4.68	33772	21312	8.2	5.1	5.4	6.1	26.4	41.2	42.2	18.7
射阳县	592.4	7.80	4.1	17.5	47.5	222.3	37.5	30.9	4069	5.2	395.2	5.20	35406	22859	5.4	4.1	4.8	6.3	25.2	38.4	43.7	20.0
建湖县	593.9	9.75	3.3	9.1	49.3	187.9	31.6	31.7	5196	5.3	385.0	6.32	39022	23481	5.0	4.3	4.6	3.7	22.9	37.4	41.7	15.3
东台市	893.4	10.06	5.8	14.0	50.6	245.6	27.5	54.6	6146	6.1	677.7	7.63	43069	27023	3.9	3.0	5.5	6.1	20.7	32.5	41.6	18.0
宝应县	763.0	11.18	3.6	11.1	42.1	159.4	20.9	24.9	3645	3.3	364.6	5.34	35799	23302	4.4	4.1	4.4	6.1	24.9	37.7	41.7	14.7
仪征市	815.1	15.30	3.4	2.9	44.4	114.5	14.1	48.0	9013	5.9	362.3	6.80	48005	23942	4.2	3.4	5.1	7.6	18.6	36.7	36.0	29.0
高邮市	838.2	11.81	3.4	10.8	40.2	171.6	20.5	37.9	5343	4.5	452.6	6.38	41650	23315	3.8	3.2	5.3	6.0	21.4	37.7	41.7	24.0
丹阳市	1145.4	11.58	4.1	4.4	44.3	302.3	26.4	64.0	6474	5.6	739.7	7.48	54315	29492	5.4	3.7	3.7	5.0	16.4	29.8	41.3	22.6
扬中市	489.6	15.52	3.8	3.4	45.1	133.3	27.2	35.0	11098	7.2	337.7	10.70	60050	32474	4.5	3.1	4.1	7.8	14.9	27.1	40.6	11.2
句容市	675.5	10.57	3.6	7.8	50.3	152.6	22.6	54.9	8588	8.1	396.3	6.20	52800	25700	4.4	2.9	3.1	6.7	16.9	34.2	39.0	26.2

续表

县(市)	Z1.1 GDP规模(亿元)	Z1.2 人均GDP(万元)	Z1.3 GDP增长率(%)	Z2.1 第一产业增加值占GDP的比重(%)	Z2.2 第三产业增加值占GDP的比重(%)	Z3.1 消费规模(亿元)	Z3.2 消费占GDP的比重(%)	Z4.1 地方公共财政收入(亿元)	Z4.2 人均地方公共财政收入(元)	Z4.3 地方公共财政收入占GDP的比重(%)	Z5.1 居民储蓄额(亿元)	Z5.2 人均居民储蓄额(万元)	Z6.1 城镇居民人均可支配收入(元)	Z6.2 农村居民人均可支配收入(元)	Z7.1 小学在校生占常住人口的比重(%)	Z7.2 中学在校生占常住人口的比重(%)	Z8.1 千人医院床位数(张)	Z8.2 千人福利床位数(张)	Z8.3 城市低保标准占比(%)	Z8.4 农村低保标准占比(%)	Z9.1 建成区绿化覆盖率(%)	Z9.2 森林覆盖率(%)
兴化市	900.9	7.99	3.0	14.9	46.5	240.0	26.6	41.5	3677	4.6	673.3	5.97	44464	23212	5.5	3.5	4.8	5.2	20.1	37.9	42.3	16.0
靖江市	1004.8	15.15	3.0	2.7	43.8	197.5	19.7	68.7	10351	6.8	612.0	9.23	52754	26922	4.2	3.6	6.9	3.2	16.9	32.6	42.4	23.5
泰兴市	1127.5	11.34	3.9	6.2	43.7	274.7	24.4	85.4	8591	7.6	580.2	5.83	48857	24783	4.6	3.9	5.4	8.1	18.3	35.5	41.1	19.1
沭阳县	1011.2	6.04	4.3	10.6	48.8	306.5	30.3	51.0	3045	5.0	446.1	2.66	31631	19743	12.2	6.5	5.2	4.4	28.2	44.5	43.1	26.0
泗阳县	528.5	6.37	4.2	13.2	44.9	152.5	28.9	26.7	3217	5.0	271.7	3.27	31342	19462	11.3	7.3	6.7	4.9	28.5	45.1	42.5	48.0
泗洪县	525.4	6.12	4.5	16.9	46.6	156.8	29.9	27.3	3180	5.2	273.6	3.19	30640	19060	12.1	6.9	6.1	4.4	29.1	46.1	44.9	30.0
桐庐县	376.3	8.30	2.1	6.7	50.5	137.4	36.5	34.2	7552	9.1	240.1	5.30	56450	34176	5.8	3.8	5.6	7.3	18.1	29.9	43.2	75.2
淳安县	240.6	7.31	-4.8	16.0	58.1	83.7	34.8	22.8	6922	9.5	195.3	5.94	48985	22465	4.3	4.0	6.2	7.3	20.9	45.5	42.3	75.3
建德市	391.9	8.85	5.3	9.5	44.1	114.1	29.1	34.2	7732	8.7	303.4	6.85	54962	30762	4.9	3.9	6.8	7.3	18.6	33.2	44.9	76.3
象山县	563.0	9.92	1.6	14.5	43.8	208.9	37.1	51.6	9086	9.2	333.6	5.88	60773	35557	6.9	4.3	4.5	17.0	16.8	28.7	36.2	56.3

续表

县(市)	Z1.1 GDP规模(亿元)	Z1.2 人均GDP(万元)	Z1.3 GDP增长率(%)	Z2.1 第一产业增加值占GDP的比重(%)	Z2.2 第三产业增加值占GDP的比重(%)	Z3.1 消费规模(亿元)	Z3.2 消费占GDP的比重(%)	Z4.1 地方公共财政收入(亿元)	Z4.2 人均地方公共财政收入(元)	Z4.3 地方公共财政收入占GDP的比重(%)	Z5.1 居民储蓄额(亿元)	Z5.2 人均居民储蓄额(万元)	Z6.1 城镇居民人均可支配收入(元)	Z6.2 农村居民人均可支配收入(元)	Z7.1 小学在校生占常住人口的比重(%)	Z7.2 中学在校生占常住人口的比重(%)	Z8.1 千人医院床位数(张)	Z8.2 千人福利床位数(张)	Z8.3 城市低保标准占比(%)	Z8.4 农村低保标准占比(%)	Z9.1 建成区绿化覆盖率(%)	Z9.2 森林覆盖率(%)
宁海县	722.6	10.38	3.4	6.7	44.2	271.2	37.5	67.9	9758	9.4	355.7	5.11	64188	36166	7.0	4.5	4.7	11.2	16.0	28.2	40.8	64.0
余姚市	1220.7	9.73	5.1	4.1	38.4	397.4	32.6	114.2	9107	9.4	989.3	7.89	65212	39339	5.5	3.1	2.9	8.2	15.7	26.0	42.8	45.1
慈溪市	2008.3	10.98	4.8	2.9	38.9	642.8	32.0	200.5	10961	10.0	1472.8	8.05	67089	40950	5.4	3.3	4.4	4.3	15.3	24.9	41.4	17.6
永嘉县	461.9	5.31	3.7	3.7	53.9	247.8	53.7	40.8	4692	8.8	531.0	6.11	51810	26388	7.2	5.3	2.4	0.8	19.8	24.9	37.2	74.6
平阳县	534.5	6.19	2.1	3.9	49.6	233.2	43.6	36.5	4227	6.8	456.7	5.29	52739	26736	7.8	5.6	4.8	8.0	19.4	38.7	37.7	55.2
苍南县	363.1	4.30	2.9	7.7	57.1	244.2	67.3	26.4	3122	7.3	500.9	5.93	49725	25630	5.2	3.6	3.0	4.5	20.6	38.2	40.0	49.7
瑞安市	1037.1	6.82	3.3	2.5	52.7	519.8	50.1	81.9	5389	7.9	1173.5	7.72	67301	35872	6.2	3.9	3.3	6.8	15.2	39.9	38.4	49.1
乐清市	1263.0	8.69	4.5	1.7	51.5	520.1	41.2	94.4	6495	7.5	1103.4	7.59	67069	38070	7.6	4.4	3.5	6.8	15.2	28.5	40.4	54.6
嘉善县	655.8	10.12	8.0	3.4	43.6	241.3	36.8	71.8	11076	10.9	514.5	7.94	65266	40741	6.0	3.3	4.8	6.6	15.7	26.8	40.4	18.1
海盐县	544.5	11.92	3.1	3.3	39.1	162.3	29.8	58.2	12737	10.7	389.7	8.53	66006	40336	5.5	3.6	5.0	12.5	15.5	25.3	41.2	10.7

续表

县(市)	Z1.1 GDP规模(亿元)	Z1.2 人均GDP(万元)	Z1.3 GDP增长率(%)	Z2.1 第一产业增加值占GDP的比重(%)	Z2.2 第三产业增加值占GDP比重(%)	Z3.1 消费规模(亿元)	Z3.2 消费占GDP的比重(%)	Z4.1 地方公共财政收入(亿元)	Z4.2 人均地方公共财政收入(元)	Z4.3 地方公共财政收入占GDP的比重(%)	Z5.1 居民储蓄额(亿元)	Z5.2 人均居民储蓄额(万元)	Z6.1 城镇居民人均可支配收入(元)	Z6.2 农村居民人均可支配收入(元)	Z7.1 小学在校生占常住人口的比重(%)	Z7.2 中学在校生占常住人口的比重(%)	Z8.1 千人医院床位数(张)	Z8.2 千人福利床位数(张)	Z8.3 城市低保标准占比(%)	Z8.4 农村低保标准占比(%)	Z9.1 建成区绿化覆盖率(%)	Z9.2 森林覆盖率(%)
海宁市	1030.8	9.58	2.0	1.8	42.4	486.1	47.2	100.9	9378	9.8	860.1	7.99	67462	41129	5.3	3.3	5.4	8.6	15.2	24.8	41.4	16.1
平湖市	779.0	11.60	3.0	1.8	40.0	241.8	31.0	90.0	13406	11.6	491.1	7.32	65797	39903	4.4	2.7	4.5	7.2	15.6	25.6	36.0	20.0
桐乡市	1003.0	9.74	1.0	2.4	49.6	429.3	42.8	94.0	9126	9.4	818.6	7.95	62379	40358	5.7	3.6	4.9	12.1	16.4	25.3	43.5	20.1
德清县	544.1	9.92	2.6	4.6	39.3	151.2	27.8	67.1	12232	12.3	414.8	7.56	62225	38357	5.2	3.9	4.6	10.3	16.5	26.6	43.4	43.2
长兴县	702.4	10.42	2.6	5.2	45.3	307.0	43.7	67.6	10026	9.6	429.0	6.37	62428	37813	5.5	4.0	6.1	10.0	16.4	27.0	47.5	47.7
安吉县	487.1	8.31	4.3	5.8	49.8	206.2	42.3	59.8	10191	12.3	327.6	5.59	59518	35699	6.3	4.7	5.9	10.2	17.2	28.6	45.9	70.2
新昌县	461.5	11.01	2.7	4.9	47.2	166.0	36.0	43.7	10433	9.5	293.1	7.00	62833	32859	5.7	5.2	10.6	12.9	16.3	31.1	41.9	68.0
诸暨市	1362.4	11.18	3.6	3.8	50.9	462.5	33.9	90.3	7415	6.6	1002.6	8.23	70740	42296	5.8	6.2	5.6	9.9	14.5	24.2	41.2	61.0
嵊州市	601.3	8.90	2.7	7.0	49.9	266.7	44.4	45.8	6786	7.6	534.4	7.91	63748	34367	4.7	3.9	5.4	12.2	16.1	29.7	40.2	66.7
武义县	271.3	5.87	3.7	6.1	45.9	98.6	36.3	27.5	5936	10.1	301.9	6.53	44759	21076	7.9	4.1	6.1	9.3	22.9	48.5	42.1	73.9

续表

县(市)	Z1.1 GDP规模(亿元)	Z1.2 人均GDP(万元)	Z1.3 GDP增长率(%)	Z2.1 第一产业增加值占GDP的比重(%)	Z2.2 第三产业增加值占GDP的比重(%)	Z3.1 消费规模(亿元)	Z3.2 消费占GDP的比重(%)	Z4.1 地方公共财政收入(亿元)	Z4.2 人均地方公共财政收入(元)	Z4.3 地方公共财政收入占GDP的比重(%)	Z5.1 居民储蓄额(亿元)	Z5.2 人均居民储蓄额(万元)	Z6.1 城镇居民人均可支配收入(元)	Z6.2 农村居民人均可支配收入(元)	Z7.1 小学在校生占常住人口的比重(%)	Z7.2 中学在校生占常住人口的比重(%)	Z8.1 千人医院床位数(张)	Z8.2 千人福利床位数(张)	Z8.3 城市低保标准占比(%)	Z8.4 农村低保标准占比(%)	Z9.1 建成区绿化覆盖率(%)	Z9.2 森林覆盖率(%)
浦江县	234.5	5.09	1.3	4.9	53.7	97.4	41.5	20.0	4347	8.5	294.3	6.39	49943	24948	7.3	5.5	5.7	8.1	20.5	40.9	38.0	71.6
兰溪市	400.2	6.96	3.4	7.1	43.4	147.9	37.0	29.6	5151	7.4	328.0	5.71	46610	23021	5.5	4.6	5.0	11.1	22.0	44.4	40.7	49.3
义乌市	1485.6	7.99	4.0	1.6	70.0	946.3	63.7	106.0	5701	7.1	1808.6	9.73	80137	42158	8.5	4.0	5.3	5.0	12.8	24.2	42.2	51.0
东阳市	638.2	5.87	0.1	2.9	54.3	283.5	44.4	72.7	6678	11.4	795.4	7.31	58189	33686	8.3	5.5	6.0	8.5	17.6	30.3	40.5	62.2
永康市	639.8	6.64	1.6	1.4	46.2	308.4	48.2	60.7	6292	9.5	793.1	8.23	61281	32820	7.9	4.7	4.8	5.5	16.7	31.1	42.5	56.7
龙游县	247.6	6.87	4.4	6.1	51.8	161.4	65.2	19.6	5449	7.9	212.0	5.88	51024	26721	5.0	4.1	4.9	8.6	20.1	38.2	39.8	55.0
江山市	312.5	6.32	1.6	7.7	48.7	150.1	48.0	21.3	4310	6.8	340.1	6.88	51987	28415	6.4	5.5	6.0	9.8	19.7	36.0	44.4	69.5
岱山县	384.8	18.50	58.1	9.4	24.1	87.1	22.6	18.1	8717	4.7	136.8	6.58	56646	39238	2.9	2.0	2.5	10.3	18.1	26.0	42.0	47.4
天台县	301.7	6.36	3.6	5.5	54.7	129.9	43.1	20.4	4297	6.8	282.5	5.95	50746	26370	7.7	7.8	6.5	11.8	20.2	38.7	43.0	70.4
温岭市	1136.9	8.03	3.8	7.2	48.6	669.1	58.9	72.1	5093	6.3	1162.3	8.21	65277	36244	6.3	4.0	4.9	7.6	15.7	28.2	43.9	33.3

续表

县(市)	Z1.1 GDP规模(亿元)	Z1.2 人均GDP(万元)	Z1.3 GDP增长率(%)	Z2.1 第一产业增加值占GDP的比重(%)	Z2.2 第三产业增加值占GDP的比重(%)	Z3.1 消费规模(亿元)	Z3.2 消费占GDP的比重(%)	Z4.1 地方公共财政收入(亿元)	Z4.2 人均地方公共财政收入(元)	Z4.3 地方公共财政收入占GDP的比重(%)	Z5.1 居民储蓄额(亿元)	Z5.2 人均居民储蓄额(万元)	Z6.1 城镇居民人均可支配收入(元)	Z6.2 农村居民人均可支配收入(元)	Z7.1 小学在校生占常住人口的比重(%)	Z7.2 中学在校生占常住人口的比重(%)	Z8.1 千人医院床位数(张)	Z8.2 千人福利床位数(张)	Z8.3 城市低保标准占比(%)	Z8.4 农村低保标准占比(%)	Z9.1 建成区绿化覆盖率(%)	Z9.2 森林覆盖率(%)
临海市	738.5	6.63	3.4	6.7	49.5	256.8	34.8	59.5	5340	8.1	717.2	6.44	58319	32150	7.2	5.7	5.4	8.6	17.6	31.8	41.0	64.2
玉环市	632.6	9.82	3.1	6.1	41.0	211.9	33.5	47.9	7430	7.6	476.3	7.40	74492	37645	7.2	3.8	4.0	5.8	13.7	27.1	37.5	39.4
青田县	249.1	4.89	2.5	3.9	54.3	106.4	42.7	19.0	3738	7.6	555.3	10.91	49728	27215	7.9	5.4	4.4	9.8	20.6	37.5	36.1	81.6
缙云县	243.4	6.01	5.5	5.0	51.2	105.6	43.4	17.3	4256	7.1	221.3	5.46	47774	23466	7.6	6.2	5.8	3.7	21.4	43.5	44.8	79.4
长丰县	659.4	8.41	6.3	11.5	48.2	287.3	43.6	43.0	5485	6.5	225.9	2.88	39041	23261	7.7	5.8	3.5	6.5	19.1	31.4	38.3	28.3
肥东县	703.5	7.95	5.6	10.9	56.1	270.8	38.5	48.7	5504	6.9	344.1	3.89	40854	25516	5.5	7.2	3.6	4.5	18.3	28.6	43.9	31.1
肥西县	870.2	8.99	5.7	7.1	51.5	214.1	24.6	54.5	5633	6.3	370.7	3.83	43209	26062	5.4	3.7	3.6	5.2	17.3	28.0	44.0	20.1
庐江县	481.4	5.42	2.7	12.0	54.2	191.2	39.7	20.6	2318	4.3	373.2	4.20	36651	22672	5.8	5.4	4.2	4.4	20.4	32.2	40.0	18.4
巢湖市	498.3	6.85	2.0	8.8	54.0	192.2	38.6	23.2	3193	4.7	367.3	5.05	39023	23896	5.0	4.7	5.1	4.2	19.1	30.5	42.1	17.5
南陵县	281.4	6.53	3.5	12.8	44.6	108.9	38.7	21.5	4982	7.6	222.1	5.15	40213	26586	6.0	5.9	3.8	5.4	18.6	27.5	42.1	39.1

续表

县(市)	Z1.1 GDP规模(亿元)	Z1.2 人均GDP(万元)	Z1.3 GDP增长率(%)	Z2.1 第一产业增加值占GDP的比重(%)	Z2.2 第三产业增加值占GDP的比重(%)	Z3.1 消费规模(亿元)	Z3.2 消费占GDP的比重(%)	Z4.1 地方公共财政收入(亿元)	Z4.2 人均地方公共财政收入(元)	Z4.3 地方公共财政收入占GDP的比重(%)	Z5.1 居民储蓄额(亿元)	Z5.2 人均居民储蓄额(万元)	Z6.1 城镇居民人均可支配收入(元)	Z6.2 农村居民人均可支配收入(元)	Z7.1 小学在校生占常住人口的比重(%)	Z7.2 中学在校生占常住人口的比重(%)	Z8.1 千人医院床位数(张)	Z8.2 千人福利床位数(张)	Z8.3 城市低保标准占比(%)	Z8.4 农村低保标准占比(%)	Z9.1 建成区绿化覆盖率(%)	Z9.2 森林覆盖率(%)
无为市	511.0	6.25	5.5	11.0	40.5	163.6	32.0	26.5	3241	5.2	405.6	4.96	40593	21752	4.6	4.4	3.9	7.8	18.4	33.6	31.5	20.7
怀远县	425.1	4.54	-2.8	17.7	42.9	234.3	55.1	23.4	2503	5.5	244.2	2.61	34070	18160	10.8	6.3	5.8	5.3	21.9	40.2	42.0	19.0
五河县	258.6	4.94	4.2	24.8	52.6	139.3	53.9	13.1	2504	5.1	160.0	3.06	34325	18127	8.2	4.8	4.4	5.3	21.8	40.3	43.1	26.5
固镇县	311.6	6.21	4.4	26.0	33.6	110.3	35.4	15.6	3117	5.0	159.1	3.17	35147	18217	9.7	4.8	4.6	7.0	21.2	40.1	45.4	21.0
凤台县	305.9	4.83	2.6	12.6	37.8	108.5	35.5	19.5	3079	6.4	226.3	3.58	36459	17336	10.1	5.8	3.7	3.9	20.5	42.1	42.7	11.8
当涂县	463.5	10.37	4.7	7.4	41.9	155.7	33.6	30.4	6801	6.6	247.3	5.53	43495	28974	4.7	3.4	3.7	5.7	17.2	25.2	39.4	32.4
濉溪县	491.0	5.27	4.7	11.0	39.6	140.8	28.7	20.7	2218	4.2	353.9	3.80	32966	15170	8.1	5.4	3.5	2.6	22.7	48.1	40.2	17.6
怀宁县	312.3	6.29	3.7	8.1	40.6	117.7	37.7	13.9	2803	4.5	304.3	6.13	36387	17675	4.8	4.1	3.2	9.3	20.5	41.3	38.7	22.9
桐城市	392.8	6.62	3.0	8.8	41.0	132.3	33.7	18.2	3068	4.6	359.6	6.06	35247	18333	4.3	4.0	4.1	0.4	21.2	39.8	35.8	33.8
凤阳县	414.4	6.56	3.3	10.8	45.6	183.6	44.3	23.2	3673	5.6	191.1	3.02	29607	13874	6.6	3.3	2.9	5.0	25.2	52.6	41.5	35.8

续表

县(市)	Z1 经济规模竞争力			Z2 经济结构竞争力		Z3 市场需求竞争力		Z4 公共财政竞争力			Z5 金融资源竞争力		Z6 居民收入竞争力		Z7 基础教育竞争力		Z8 卫生福利竞争力				Z9 生态环境竞争力	
	Z1.1 GDP规模(亿元)	Z1.2 人均GDP(万元)	Z1.3 GDP增长率(%)	Z2.1 第一产业增加值占GDP的比重(%)	Z2.2 第三产业增加值占GDP的比重(%)	Z3.1 消费规模(亿元)	Z3.2 消费占GDP的比重(%)	Z4.1 地方公共财政收入(亿元)	Z4.2 人均地方公共财政收入(元)	Z4.3 地方公共财政收入占GDP的比重(%)	Z5.1 居民储蓄额(亿元)	Z5.2 人均居民储蓄额(万元)	Z6.1 城镇居民人均可支配收入(元)	Z6.2 农村居民人均可支配收入(元)	Z7.1 小学在校生占常住人口的比重(%)	Z7.2 中学在校生占常住人口的比重(%)	Z8.1 千人医院床位数(张)	Z8.2 千人福利床位数(张)	Z8.3 城市低保标准占比(%)	Z8.4 农村低保标准占比(%)	Z9.1 建成区绿化覆盖率(%)	Z9.2 森林覆盖率(%)
天长市	602.8	9.10	4.5	7.1	31.7	178.1	32.4	41.2	6824	7.5	276.3	4.58	38080	21896	4.3	3.8	5.9	6.7	19.6	33.3	39.3	13.3
临泉县	394.6	2.38	4.0	23.0	52.8	256.9	65.1	19.5	1174	4.9	434.4	2.62	31719	13723	9.2	6.7	4.6	6.2	23.5	53.2	37.9	19.5
太和县	476.0	3.45	4.1	12.6	45.2	336.6	70.6	21.4	1551	4.5	455.3	3.30	34448	14582	9.6	6.7	5.4	7.7	21.7	50.1	31.0	19.3
颍上县	415.9	3.47	4.0	15.6	45.4	193.0	46.4	27.9	2327	6.7	312.0	2.60	34227	14396	9.8	5.8	3.9	9.8	21.8	50.7	44.0	20.3
界首市	346.5	5.32	4.9	9.4	33.2	165.3	47.7	17.0	2612	4.9	227.9	3.50	36134	15550	9.7	5.3	6.0	2.4	20.7	46.9	38.9	26.1
砀山县	246.9	3.22	3.4	17.0	51.9	172.4	69.8	13.2	1727	5.4	241.0	3.15	33156	14681	7.7	4.6	4.9	2.7	22.5	49.7	38.8	70.0
萧县	393.2	3.73	4.1	17.8	40.2	188.6	48.0	22.4	2122	5.7	298.9	2.83	32539	14298	8.6	5.1	2.9	4.3	23.0	51.1	40.4	36.7
霍邱县	227.6	2.41	3.4	27.5	48.3	127.1	55.8	19.2	2032	8.4	266.3	2.82	29567	13543	7.5	5.0	3.9	9.9	25.3	53.9	30.0	10.4
舒城县	306.5	4.40	4.4	11.8	42.6	132.6	43.3	20.1	2878	6.5	318.0	4.56	31400	14488	4.8	4.3	3.5	5.9	23.8	50.4	37.5	48.7
涡阳县	380.7	3.25	4.7	16.0	47.7	228.3	60.0	18.2	1556	4.8	332.2	2.84	30378	14347	9.2	5.9	4.1	6.1	24.6	50.9	41.1	19.5

续表

县(市)	Z1.1 GDP规模(亿元)	Z1.2 人均GDP(万元)	Z1.3 GDP增长率(%)	Z2.1 第一产业增加值占GDP的比重(%)	Z2.2 第三产业增加值占GDP的比重(%)	Z3.1 消费规模(亿元)	Z3.2 消费占GDP的比重(%)	Z4.1 地方公共财政收入(亿元)	Z4.2 人均地方公共财政收入(元)	Z4.3 地方公共财政收入占GDP的比重(%)	Z5.1 居民储蓄额(亿元)	Z5.2 人均居民储蓄额(万元)	Z6.1 城镇居民人均可支配收入(元)	Z6.2 农村居民人均可支配收入(元)	Z7.1 小学在校生占常住人口的比重(%)	Z7.2 中学在校生占常住人口的比重(%)	Z8.1 千人医院床位数(张)	Z8.2 千人福利床位数(张)	Z8.3 城市低保标准占比(%)	Z8.4 农村低保标准占比(%)	Z9.1 建成区绿化覆盖率(%)	Z9.2 森林覆盖率(%)
蒙城县	391.5	3.55	3.3	15.9	57.4	212.3	54.2	24.3	2206	6.2	296.2	2.69	34348	15675	11.4	7.2	4.3	5.4	21.7	46.6	44.3	17.4
利辛县	331.6	2.79	3.2	16.1	54.3	207.7	62.6	15.9	1339	4.8	311.2	2.62	33414	14207	10.5	7.1	3.7	6.5	22.4	51.4	40.0	17.3
广德市	329.6	6.60	3.6	8.1	44.3	131.6	39.9	28.7	5750	8.7	195.6	3.92	45681	21388	5.2	4.1	6.2	5.2	16.3	34.1	39.5	58.4
宁国市	384.6	10.00	5.3	6.7	35.4	106.3	27.6	31.0	8059	8.1	184.9	4.81	46535	21230	4.9	3.4	5.3	8.9	16.0	34.4	40.7	79.6
闽侯县	793.0	8.02	5.0	6.1	41.8	297.2	37.5	78.1	7903	9.8	345.5	3.50	46538	21693	8.3	4.5	2.4	0.7	17.2	36.6	40.8	59.3
连江县	594.9	9.30	0.2	24.7	38.0	165.3	27.8	34.8	5436	5.8	315.9	4.94	39959	20455	8.5	4.9	2.6	2.2	20.0	38.8	43.2	52.9
罗源县	316.6	12.41	6.3	15.5	30.3	51.3	16.2	9.7	3801	3.1	92.5	3.62	36790	17329	6.6	4.4	5.4	4.0	21.7	45.8	47.3	58.4
平潭县	301.4	7.81	5.4	12.0	60.0	58.8	19.5	54.6	14146	18.1	237.8	6.16	43278	18742	9.2	4.5	3.1	0.8	18.5	42.4	40.0	38.9
福清市	1228.5	8.84	6.7	9.0	40.6	318.1	25.9	91.3	6566	7.4	913.9	6.57	49967	26779	5.7	6.3	3.1	1.0	16.0	29.7	46.8	46.8
仙游县	521.5	5.76	3.8	4.3	46.4	348.9	66.9	27.2	3010	5.2	326.0	3.60	35338	18792	8.7	6.3	4.6	3.8	22.6	42.3	39.9	71.4

续表

县(市)	Z1.1 GDP规模(亿元)	Z1.2 人均GDP(万元)	Z1.3 GDP增长率(%)	Z2.1 第一产业增加值占GDP的比重(%)	Z2.2 第三产业增加值占GDP的比重(%)	Z3.1 消费规模(亿元)	Z3.2 消费占GDP的比重(%)	Z4.1 地方公共财政收入(亿元)	Z4.2 人均地方公共财政收入(元)	Z4.3 地方公共财政收入占GDP的比重(%)	Z5.1 居民储蓄额(亿元)	Z5.2 人均居民储蓄额(万元)	Z6.1 城镇居民人均可支配收入(元)	Z6.2 农村居民人均可支配收入(元)	Z7.1 小学在校生占常住人口的比重(%)	Z7.2 中学在校生占常住人口的比重(%)	Z8.1 千人医院床位数(张)	Z8.2 千人福利床位数(张)	Z8.3 城市低保标准占比(%)	Z8.4 农村低保标准占比(%)	Z9.1 建成区绿化覆盖率(%)	Z9.2 森林覆盖率(%)
永安市	446.3	12.94	3.6	8.4	32.8	128.1	28.7	19.0	5511	4.3	146.7	4.25	40236	20784	8.1	5.2	8.0	0.7	19.9	38.2	44.4	83.2
惠安县	1010.2	12.93	3.3	2.7	26.5	412.9	40.9	34.6	4433	3.4	367.4	4.70	48007	24258	11.4	5.9	5.3	2.5	16.7	32.7	42.7	31.1
安溪县	747.6	7.45	3.3	7.5	41.7	568.4	76.0	28.7	2854	3.8	340.6	3.39	35548	19145	11.0	4.8	4.4	1.1	22.5	41.5	43.7	65.8
永春县	494.5	11.69	3.0	5.4	32.6	178.1	36.0	11.8	2794	2.4	167.3	3.95	35077	18163	8.2	4.9	5.2	2.9	22.8	43.7	43.0	69.5
石狮市	937.2	13.66	2.9	2.6	52.3	821.5	87.7	36.0	5252	3.8	491.1	7.16	64830	29023	9.6	5.3	2.6	0.3	12.3	27.4	44.7	10.8
晋江市	2616.1	12.69	4.2	0.8	38.9	1153.3	44.1	139.3	6755	5.3	1027.3	4.98	54594	27344	8.9	4.4	2.5	3.3	14.6	29.0	44.0	14.5
南安市	1352.7	8.91	4.8	2.7	38.8	722.2	53.4	53.1	3496	3.9	767.5	5.06	50667	25094	7.7	4.6	4.1	1.5	15.8	31.7	44.9	52.7
漳浦县	495.6	5.85	-5.1	17.9	50.3	243.8	49.2	32.7	3855	6.6	218.1	2.57	40788	23111	8.9	4.9	4.1	1.9	19.6	34.4	42.4	56.0
长泰县	344.5	15.09	7.2	5.4	28.8	86.8	25.2	11.2	4907	3.3	96.4	4.22	41660	22228	7.4	3.5	4.5	2.4	19.2	35.7	31.6	67.2
龙海市	588.0	6.18	3.8	10.4	34.1	162.1	27.6	19.0	1996	3.2	360.5	3.79	41054	22191	7.5	4.6	4.2	3.6	19.5	35.8	43.8	56.8

续表

县(市)	Z1.1 GDP规模(亿元)	Z1.2 人均GDP(万元)	Z1.3 GDP增长率(%)	Z2.1 第一产业增加值占GDP的比重(%)	Z2.2 第三产业增加值占GDP比重(%)	Z3.1 消费规模(亿元)	Z3.2 消费占GDP的比重(%)	Z4.1 地方公共财政收入(亿元)	Z4.2 人均地方公共财政收入(元)	Z4.3 地方公共财政收入占GDP的比重(%)	Z5.1 居民储蓄额(亿元)	Z5.2 人均居民储蓄额(万元)	Z6.1 城镇居民人均可支配收入(元)	Z6.2 农村居民人均可支配收入(元)	Z7.1 小学在校生占常住人口的比重(%)	Z7.2 中学在校生占常住人口的比重(%)	Z8.1 千人医院床位数(张)	Z8.2 千人福利床位数(张)	Z8.3 城市低保标准占比(%)	Z8.4 农村低保标准占比(%)	Z9.1 建成区绿化覆盖率(%)	Z9.2 森林覆盖率(%)
邵武市	241.7	8.83	-0.6	12.1	43.5	115.4	47.8	13.2	4826	5.5	132.7	4.85	38343	21200	6.9	4.6	7.2	4.8	20.9	37.5	44.5	78.7
上杭县	431.9	11.47	5.7	14.0	44.5	152.8	35.4	28.2	7492	6.5	146.6	3.89	43768	19699	8.2	4.9	5.5	7.1	18.3	40.3	41.1	74.5
福安市	600.2	9.84	6.7	8.9	29.3	149.6	24.9	27.9	4572	4.6	180.3	2.96	39660	19851	9.7	6.4	4.1	3.0	20.2	40.0	43.3	66.1
福鼎市	418.7	7.57	0.8	14.5	33.2	197.0	47.0	18.2	3281	4.3	197.9	3.58	39610	30578	8.5	4.7	4.1	2.2	20.2	26.0	41.4	62.6
南昌县	1048.0	7.22	4.7	6.8	39.9	313.5	29.9	76.0	5232	7.3	436.3	3.00	42793	23112	9.5	5.6	3.6	3.3	19.4	23.7	45.2	22.5
进贤县	290.1	4.68	2.5	24.2	34.3	116.3	40.1	20.0	3224	6.9	272.3	4.39	39992	21438	6.4	6.4	3.0	3.0	20.8	25.6	46.5	40.8
乐平市	353.3	4.69	3.6	11.5	42.3	148.0	41.9	32.5	4310	9.2	301.2	4.00	39214	19150	10.0	7.1	3.6	3.0	21.2	28.6	41.7	45.8
分宜县	188.1	6.85	5.0	11.8	52.8	73.9	39.3	15.0	5479	8.0	108.8	3.97	36361	20168	8.7	6.5	5.2	3.1	22.9	27.2	39.8	64.3
贵溪市	506.2	9.36	4.1	7.8	32.8	112.3	22.2	39.2	7248	7.7	193.2	3.57	39590	18869	7.8	5.8	5.6	2.5	21.0	29.0	37.2	63.5
丰城市	535.2	5.02	3.3	14.7	41.2	138.4	25.9	48.6	4558	9.1	433.3	4.07	38982	20070	7.2	5.8	4.0	1.4	21.3	27.3	41.3	70.5

续表

县(市)	Z1.1 GDP规模(亿元)	Z1.2 人均GDP(万元)	Z1.3 GDP增长率(%)	Z2.1 第一产业增加值占GDP的比重(%)	Z2.2 第三产业增加值占GDP的比重(%)	Z3.1 消费规模(亿元)	Z3.2 消费占GDP的比重(%)	Z4.1 地方公共财政收入(亿元)	Z4.2 人均地方公共财政收入(元)	Z4.3 地方公共财政收入占GDP的比重(%)	Z5.1 居民储蓄额(亿元)	Z5.2 人均居民储蓄额(万元)	Z6.1 城镇居民人均可支配收入(元)	Z6.2 农村居民人均可支配收入(元)	Z7.1 小学在校生占常住人口的比重(%)	Z7.2 中学在校生占常住人口的比重(%)	Z8.1 千人医院床位数(张)	Z8.2 千人福利床位数(张)	Z8.3 城市低保标准占比(%)	Z8.4 农村低保标准占比(%)	Z9.1 建成区绿化覆盖率(%)	Z9.2 森林覆盖率(%)
樟树市	424.7	8.75	4.1	10.6	45.5	111.9	26.3	36.4	7485	8.6	263.4	5.42	39656	19865	8.1	5.9	4.9	8.0	21.0	27.6	47.1	32.0
高安市	468.5	6.29	4.3	9.9	54.9	124.8	26.6	31.6	4245	6.7	339.8	4.56	37371	19253	8.6	6.7	5.8	2.3	22.2	28.5	35.2	38.0
平阴县	233.3	7.22	2.4	14.7	29.4	74.6	32.0	24.3	7522	10.4	154.4	4.78	31706	16929	5.2	4.6	6.9	3.5	24.0	33.8	37.5	36.0
胶州市	1225.9	12.41	5.5	4.7	49.0	567.5	46.3	102.9	10417	8.4	508.4	5.15	49290	23730	6.9	5.5	6.5	3.6	15.4	24.1	44.8	30.3
平度市	715.7	6.01	3.5	15.8	48.6	312.8	43.7	61.0	5120	8.5	552.7	4.64	47310	22812	4.9	4.2	4.0	2.0	16.1	25.1	42.7	10.7
莱西市	551.9	7.66	3.7	12.5	51.4	278.9	50.5	54.5	7569	9.9	329.3	4.57	47800	23300	4.1	5.4	5.7	4.1	15.9	24.6	44.6	34.9
桓台县	588.5	12.02	−2.2	2.3	42.3	252.4	42.9	33.1	6756	5.6	244.1	4.99	44946	22462	3.8	6.0	7.8	4.6	16.9	25.5	45.2	28.9
沂源县	269.7	5.24	4.1	14.1	44.9	110.9	41.1	19.6	3808	7.3	206.0	4.00	42446	20172	3.6	5.4	4.5	1.5	17.9	28.4	44.7	58.0
滕州市	753.1	4.78	1.0	10.4	44.6	388.4	51.6	55.7	3537	7.4	572.2	3.63	38687	18807	8.2	5.0	5.3	2.5	19.7	30.4	40.9	31.0
利津县	240.3	10.09	8.1	14.5	38.8	26.8	11.2	18.9	7943	7.9	119.3	5.01	41663	19762	3.2	5.5	3.7	7.7	18.3	29.0	37.0	25.0

续表

县(市)	Z1 经济规模竞争力 Z1.1 GDP规模(亿元)	Z1.2 人均GDP(万元)	Z1.3 GDP增长率(%)	Z2 经济结构竞争力 Z2.1 第一产业增加值占GDP的比重(%)	Z2.2 第三产业增加值占GDP的比重(%)	Z3 市场需求竞争力 Z3.1 消费规模(亿元)	Z3.2 消费占GDP的比重(%)	Z4 公共财政竞争力 Z4.1 地方公共财政收入(亿元)	Z4.2 人均地方公共财政收入(元)	Z4.3 地方公共财政收入占GDP的比重(%)	Z5 金融资源竞争力 Z5.1 居民储蓄额(亿元)	Z5.2 人均居民储蓄额(万元)	Z6 居民收入竞争力 Z6.1 城镇居民人均可支配收入(元)	Z6.2 农村居民人均可支配收入(元)	Z7 基础教育竞争力 Z7.1 小学在校生占常住人口的比重(%)	Z7.2 中学在校生占常住人口的比重(%)	Z8 卫生福利竞争力 Z8.1 千人医院床位数(张)	Z8.2 千人福利床位数(张)	Z8.3 城市低保标准占比(%)	Z8.4 农村低保标准占比(%)	Z9 生态环境竞争力 Z9.1 建成区绿化覆盖率(%)	Z9.2 森林覆盖率(%)
广饶县	620.8	11.90	8.2	7.6	32.6	157.9	25.4	45.0	8625	7.2	330.9	6.34	47356	23071	4.8	5.8	5.2	3.3	16.1	24.8	42.0	17.2
龙口市	1094.0	14.99	5.3	3.3	48.4	310.0	28.3	102.1	13990	9.3	609.6	8.35	53284	25477	4.2	4.7	6.8	2.6	14.3	22.5	44.9	35.1
莱阳市	444.0	5.58	4.3	12.8	47.2	249.6	56.2	24.2	3043	5.4	364.9	4.59	37995	18963	3.5	3.0	4.5	3.9	20.0	30.2	38.8	18.7
莱州市	674.1	8.17	2.3	12.9	42.6	273.3	40.5	41.2	4996	6.1	613.3	7.44	48620	24021	3.1	4.3	7.3	5.0	15.7	23.8	39.8	35.7
招远市	697.6	12.84	3.6	7.0	50.8	235.1	33.7	54.8	10081	7.8	410.9	7.57	49990	24591	3.4	4.5	4.5	7.3	15.2	23.3	41.7	30.7
海阳市	420.4	7.21	-1.5	19.9	48.1	159.5	37.9	30.2	5178	7.2	339.9	5.83	47666	21664	3.1	4.4	4.6	7.2	16.0	26.4	42.3	24.1
临朐县	321.8	3.99	4.2	12.1	48.5	135.9	42.2	21.0	2606	6.5	368.3	4.57	37422	19867	6.9	4.3	5.3	1.1	20.3	28.8	40.3	45.8
昌乐县	330.3	5.66	4.1	14.5	49.7	132.8	40.2	26.1	4471	7.9	282.4	4.84	38907	20756	6.0	7.4	6.0	2.0	19.6	27.6	41.9	36.0
青州市	564.8	5.88	3.7	11.1	49.2	203.5	36.0	48.1	5006	8.5	640.2	6.66	41867	21899	5.6	4.0	5.5	5.3	18.2	26.1	41.0	38.0
诸城市	652.8	6.05	3.4	10.6	52.9	229.5	35.2	60.5	5611	9.3	564.8	5.24	44028	23211	5.3	6.1	5.8	8.4	17.3	24.7	44.8	32.5

续表

县(市)	Z1.1 GDP规模(亿元)	Z1.2 人均GDP(万元)	Z1.3 GDP增长率(%)	Z2.1 第一产业增加值占GDP的比重(%)	Z2.2 第三产业增加值占GDP的比重(%)	Z3.1 消费规模(亿元)	Z3.2 消费占GDP的比重(%)	Z4.1 地方公共财政收入(亿元)	Z4.2 人均地方公共财政收入(元)	Z4.3 地方公共财政收入占GDP的比重(%)	Z5.1 居民储蓄额(亿元)	Z5.2 人均居民储蓄额(万元)	Z6.1 城镇居民人均可支配收入(元)	Z6.2 农村居民人均可支配收入(元)	Z7.1 小学在校生占常住人口的比重(%)	Z7.2 中学在校生占常住人口的比重(%)	Z8.1 千人医院床位数(张)	Z8.2 千人福利床位数(张)	Z8.3 城市低保标准占比(%)	Z8.4 农村低保标准占比(%)	Z9.1 建成区绿化覆盖率(%)	Z9.2 森林覆盖率(%)
寿光市	786.6	6.76	3.1	13.5	44.9	306.1	38.9	93.8	8063	11.9	684.3	5.88	44750	23900	6.0	5.0	5.4	3.6	17.0	24.0	42.9	28.1
安丘市	329.8	3.92	3.2	16.3	56.8	104.8	31.8	26.0	3093	7.9	381.4	4.54	37669	20351	5.2	4.4	4.2	1.7	20.2	28.1	41.4	37.0
高密市	510.3	5.82	2.5	9.5	58.6	152.6	29.9	50.5	5756	9.9	436.8	4.98	42450	21013	6.3	5.6	5.9	3.6	17.9	27.2	38.5	38.5
昌邑市	450.4	7.98	2.0	10.9	47.4	209.9	46.6	32.4	5743	7.2	359.8	6.37	39641	21857	4.8	4.4	4.0	2.9	19.2	26.2	39.1	26.8
微山县	388.8	6.34	2.8	14.9	51.2	117.7	30.3	26.7	4351	6.9	197.7	3.22	34398	18235	6.6	4.3	5.8	4.0	22.1	31.4	39.9	30.5
金乡县	218.4	3.44	4.0	31.0	43.9	130.1	59.6	16.5	2594	7.5	241.5	3.81	34906	19049	8.3	5.6	5.4	3.0	21.8	30.1	38.2	28.8
嘉祥县	220.2	3.14	3.6	16.4	47.2	125.0	56.8	16.7	2384	7.6	331.8	4.74	33265	17918	13.0	9.3	6.3	3.5	22.9	32.0	37.3	27.9
汶上县	225.6	3.28	3.9	17.4	44.5	130.3	57.8	15.5	2259	6.9	253.0	3.68	33264	18013	8.1	4.8	3.7	4.3	22.9	31.8	37.3	21.0
梁山县	240.6	3.29	3.8	23.7	42.2	114.8	47.7	20.0	2739	8.3	347.9	4.76	32722	17484	10.9	6.0	4.5	3.3	23.3	32.7	40.0	33.6
曲阜市	365.4	5.87	3.2	7.7	61.4	209.4	57.3	24.0	3862	6.6	280.2	4.51	33725	18240	6.4	4.4	4.6	8.0	22.6	31.4	39.1	25.2

续表

县(市)	Z1.1 GDP规模(亿元)	Z1.2 人均GDP(万元)	Z1.3 GDP增长率(%)	Z2.1 第一产业增加值占GDP的比重(%)	Z2.2 第三产业增加值占GDP的比重(%)	Z3.1 消费规模(亿元)	Z3.2 消费占GDP的比重(%)	Z4.1 地方公共财政收入(亿元)	Z4.2 人均地方公共财政收入(元)	Z4.3 地方公共财政收入占GDP的比重(%)	Z5.1 居民储蓄额(亿元)	Z5.2 人均居民储蓄额(万元)	Z6.1 城镇居民人均可支配收入(元)	Z6.2 农村居民人均可支配收入(元)	Z7.1 小学在校生占常住人口的比重(%)	Z7.2 中学在校生占常住人口的比重(%)	Z8.1 千人医院床位数(张)	Z8.2 千人福利床位数(张)	Z8.3 城市低保标准占比(%)	Z8.4 农村低保标准占比(%)	Z9.1 建成区绿化覆盖率(%)	Z9.2 森林覆盖率(%)
邹城市	824.1	7.06	4.0	7.4	44.8	305.8	37.1	80.2	6872	9.7	462.2	3.96	40261	19714	6.7	4.4	5.9	4.7	18.9	29.0	43.4	35.7
宁阳县	251.8	3.77	3.2	22.8	42.0	123.9	49.2	13.2	1975	5.2	253.0	3.79	38434	18704	5.2	5.1	4.5	2.0	19.8	30.6	45.5	18.1
东平县	216.9	3.16	3.5	23.5	44.5	113.9	52.5	13.1	1904	6.0	261.4	3.80	33829	18175	5.3	5.4	4.1	3.8	22.5	31.5	40.0	30.6
新泰市	522.1	4.10	3.6	11.0	50.2	210.7	40.4	40.9	3214	7.8	563.8	4.43	40106	19626	6.1	6.3	5.1	2.9	19.0	29.2	44.9	39.8
肥城市	721.5	8.07	3.5	7.9	42.1	186.4	25.8	40.9	4570	5.7	461.0	5.16	40854	20595	5.7	4.7	5.1	1.7	18.6	27.8	41.1	41.3
荣成市	943.2	13.21	2.0	14.3	54.0	285.2	30.2	63.7	8919	6.8	567.1	7.94	48565	25463	3.6	4.0	5.9	14.5	15.7	22.5	46.5	43.1
乳山市	280.4	6.04	2.1	19.2	47.6	153.5	54.7	27.9	6011	9.9	337.0	7.26	42372	19809	2.2	2.8	4.3	9.6	18.0	28.9	45.7	35.3
莒县	385.7	3.96	3.0	11.8	51.3	130.3	33.8	23.9	2451	6.2	430.1	4.42	30254	17569	8.0	5.6	5.1	1.3	25.2	32.6	42.8	27.8
沂南县	232.9	2.89	4.2	20.4	44.9	115.6	49.6	16.4	2036	7.0	335.7	4.16	38504	15326	8.3	5.1	5.8	1.2	19.8	37.4	42.9	39.2
沂水县	444.1	4.59	4.0	10.5	51.5	175.2	39.4	21.8	2252	4.9	423.1	4.37	39964	16436	7.4	4.7	7.0	2.3	19.0	34.8	42.4	45.1

续表

县(市)	Z1 经济规模竞争力			Z2 经济结构竞争力		Z3 市场需求竞争力		Z4 公共财政竞争力			Z5 金融资源竞争力		Z6 居民收入竞争力		Z7 基础教育竞争力		Z8 卫生福利竞争力				Z9 生态环境竞争力	
	Z1.1 GDP 规模 (亿元)	Z1.2 人均 GDP (万元)	Z1.3 GDP 增长率 (%)	Z2.1 第一产业增加值占 GDP 的比重 (%)	Z2.2 第三产业增加值占 GDP 的比重 (%)	Z3.1 消费规模 (亿元)	Z3.2 消费占 GDP 的比重 (%)	Z4.1 地方公共财政收入 (亿元)	Z4.2 人均地方公共财政收入 (元)	Z4.3 地方公共财政收入占 GDP 的比重 (%)	Z5.1 居民储蓄额 (亿元)	Z5.2 人均居民储蓄额 (万元)	Z6.1 城镇居民人均可支配收入 (元)	Z6.2 农村居民人均可支配收入 (元)	Z7.1 小学在校生占常住人口的比重 (%)	Z7.2 中学在校生占常住人口的比重 (%)	Z8.1 千人医院床位数 (张)	Z8.2 千人福利床位数 (张)	Z8.3 城市低保标准占比 (%)	Z8.4 农村低保标准占比 (%)	Z9.1 建成区绿化覆盖率 (%)	Z9.2 森林覆盖率 (%)
兰陵县	280.5	2.54	4.1	24.6	53.7	126.7	45.2	18.4	1667	6.6	321.2	2.91	36053	16308	11.6	7.6	6.6	2.8	21.1	35.1	38.0	12.7
费县	408.0	5.11	4.3	10.0	37.5	159.4	39.1	25.6	3208	6.3	295.0	3.70	39915	15618	9.6	5.0	4.7	2.2	19.1	36.7	44.8	34.0
莒南县	296.6	3.53	3.1	16.9	39.7	80.5	27.1	22.8	2711	7.7	357.7	4.25	36305	15277	7.4	4.8	5.4	2.3	21.0	37.5	43.5	38.4
临邑县	276.0	5.83	2.0	12.5	44.0	89.9	32.6	15.4	3253	5.6	204.3	4.32	29413	17128	6.4	5.2	4.2	2.4	25.9	33.4	38.0	39.0
齐河县	345.5	5.99	4.3	12.5	39.6	112.9	32.7	32.9	5712	9.5	225.6	3.91	30110	17459	5.7	4.2	3.9	2.9	25.3	32.8	38.8	17.4
禹城市	247.6	5.07	3.9	18.5	52.5	95.5	38.6	21.0	4295	8.5	194.8	3.99	30035	17293	6.6	5.0	4.4	2.2	25.3	33.1	39.7	35.9
临清市	238.1	3.00	3.2	13.0	53.4	91.0	38.2	19.1	2400	8.0	344.9	4.34	29017	15502	11.8	5.8	4.6	4.5	26.2	36.9	36.0	31.8
无棣县	237.9	5.50	5.0	17.2	46.9	69.5	29.2	18.1	4178	7.6	152.5	3.53	37332	19050	9.3	5.1	4.3	2.3	20.4	30.1	37.0	32.0
博兴县	373.4	7.35	4.3	6.7	52.5	101.4	27.1	31.6	6221	8.5	280.7	5.52	39210	19361	5.4	5.1	3.8	14.0	19.4	29.6	41.9	35.2
邹平市	558.8	7.21	2.7	5.5	45.1	124.5	22.3	71.8	9270	12.8	383.0	4.95	39195	21319	6.1	4.8	4.6	3.4	19.4	26.9	39.1	17.5

续表

县(市)	Z1.1 GDP规模(亿元)	Z1.2 人均GDP(万元)	Z1.3 GDP增长率(%)	Z2.1 第一产业增加值占GDP的比重(%)	Z2.2 第三产业增加值占GDP的比重(%)	Z3.1 消费规模(亿元)	Z3.2 消费占GDP的比重(%)	Z4.1 地方公共财政收入(亿元)	Z4.2 人均地方公共财政收入(元)	Z4.3 地方公共财政收入占GDP的比重(%)	Z5.1 居民储蓄额(亿元)	Z5.2 人均居民储蓄额(万元)	Z6.1 城镇居民人均可支配收入(元)	Z6.2 农村居民人均可支配收入(元)	Z7.1 小学在校生占常住人口的比重(%)	Z7.2 中学在校生占常住人口的比重(%)	Z8.1 千人医院床位数(张)	Z8.2 千人福利床位数(张)	Z8.3 城市低保标准占比(%)	Z8.4 农村低保标准占比(%)	Z9.1 建成区绿化覆盖率(%)	Z9.2 森林覆盖率(%)
曹县	463.8	3.35	4.1	10.4	49.5	281.5	60.7	20.8	1501	4.5	407.5	2.94	29232	14971	12.1	4.7	5.1	2.6	26.0	38.2	30.0	33.7
单县	344.8	3.36	4.7	14.1	52.4	175.5	50.9	18.4	1788	5.3	343.1	3.34	28030	15080	10.0	5.8	5.3	1.3	27.2	38.0	40.7	33.0
巨野县	349.4	3.78	1.2	10.8	49.5	204.1	58.4	29.0	3139	8.3	377.8	4.09	30209	15316	12.8	6.6	4.4	3.5	25.2	37.4	43.3	35.0
鄄城县	436.5	3.89	1.1	10.8	41.8	152.5	34.9	33.0	2944	7.6	478.9	4.27	29874	15449	11.2	6.9	6.4	3.8	25.5	37.1	42.0	33.0
鄆城县	245.2	3.28	6.0	13.2	55.5	141.5	57.7	12.3	1638	5.0	292.1	3.90	26693	14592	11.9	5.8	3.9	4.2	28.5	39.2	37.1	34.2
东明县	422.0	5.55	5.0	7.8	32.3	142.0	33.6	22.7	2983	5.4	245.7	3.23	28472	14940	12.3	7.2	6.7	4.0	26.7	38.3	41.2	33.6
中牟县	435.9	6.20	1.0	5.7	65.9	158.4	36.3	61.0	8683	14.0	418.8	5.96	33798	22332	15.4	9.0	6.1	3.0	20.5	20.0	45.1	27.1
巩义市	826.6	10.53	4.3	1.5	40.4	279.0	33.8	51.6	6572	6.2	334.5	4.26	36182	26605	6.6	4.6	4.7	2.0	19.7	16.8	40.6	35.1
荥阳市	546.0	7.48	3.1	5.2	45.8	159.0	29.1	52.7	7216	9.6	288.3	3.95	36544	23634	7.6	5.3	4.2	6.0	19.0	18.9	40.8	33.5
新密市	706.3	8.55	3.2	3.4	44.7	188.1	26.6	38.8	4692	5.5	359.3	4.35	36357	23623	8.5	6.0	6.2	5.0	19.1	18.9	37.5	44.0

续表

县(市)	Z1 经济规模竞争力 Z1.1 GDP规模(亿元)	Z1.2 人均GDP(万元)	Z1.3 GDP增长率(%)	Z2 经济结构竞争力 Z2.1 第一产业增加值占GDP的比重(%)	Z2.2 第三产业增加值占GDP的比重(%)	Z3 市场需求竞争力 Z3.1 消费规模(亿元)	Z3.2 消费占GDP的比重(%)	Z4 公共财政竞争力 Z4.1 地方公共财政收入(亿元)	Z4.2 人均地方公共财政收入(元)	Z4.3 地方公共财政收入占GDP的比重(%)	Z5 金融资源竞争力 Z5.1 居民储蓄额(亿元)	Z5.2 人均居民储蓄额(万元)	Z6 居民收入竞争力 Z6.1 城镇居民人均可支配收入(元)	Z6.2 农村居民人均可支配收入(元)	Z7 基础教育竞争力 Z7.1 小学在校生占常住人口的比重(%)	Z7.2 中学在校生占常住人口的比重(%)	Z8 卫生福利竞争力 Z8.1 千人医院床位数(张)	Z8.2 千人福利床位数(张)	Z8.3 城市低保标准占比(%)	Z8.4 农村低保标准占比(%)	Z9 生态环境竞争力 Z9.1 建成区绿化覆盖率(%)	Z9.2 森林覆盖率(%)
新郑市	748.6	6.39	4.6	3.2	56.0	304.3	40.7	82.6	7047	11.0	402.0	3.43	36711	24819	10.1	5.4	6.3	1.8	18.9	18.0	40.8	30.4
登封市	452.8	6.21	2.4	5.0	47.6	154.2	34.1	31.6	4328	7.0	278.4	3.82	35480	21329	12.4	12.3	7.2	6.0	19.6	21.0	41.0	43.5
杞县	370.8	4.16	2.4	27.5	40.3	111.4	30.1	18.6	2082	5.0	215.1	2.41	26118	15925	11.3	4.9	4.2	3.7	26.6	21.0	35.8	21.7
尉氏县	431.8	5.09	2.5	14.9	38.1	118.2	27.4	26.7	3153	6.2	202.7	2.39	29578	16458	11.7	6.8	4.1	1.0	23.5	28.1	36.2	24.6
兰考县	383.2	5.87	1.6	13.4	42.5	198.8	51.9	26.2	4016	6.8	220.6	3.38	27749	13978	13.4	8.8	9.2	2.0	25.0	27.2	39.6	26.1
新安县	524.5	10.85	4.1	4.7	40.1	112.4	21.4	28.1	5813	5.4	154.2	3.19	38613	18648	7.7	6.5	5.2	5.5	18.0	32.0	39.5	36.5
栾川县	273.3	8.35	2.3	5.5	43.1	103.3	37.8	23.1	7074	8.5	124.1	3.79	34949	14021	8.8	6.5	6.0	4.3	19.8	24.0	40.0	82.4
伊川县	427.7	5.39	2.7	7.1	47.8	149.1	34.9	19.9	2510	4.7	257.5	3.25	34402	16977	11.3	7.1	5.8	2.0	19.8	31.9	39.3	31.0
偃师市	440.2	8.07	0.2	5.1	41.0	146.1	33.2	25.2	4618	5.7	282.5	5.18	34863	22257	6.8	4.9	6.6	3.3	19.9	26.3	38.0	21.1
宝丰县	338.4	6.79	3.8	6.7	43.3	78.2	23.1	16.2	3252	4.8	158.3	3.18	34769	18527	11.3	6.4	5.1	1.7	20.0	24.1	49.3	29.8

续表

县(市)	Z1 经济规模竞争力 Z1.1 GDP规模(亿元)	Z1.2 人均GDP(万元)	Z1.3 GDP增长率(%)	Z2 经济结构竞争力 Z2.1 第一产业增加值占GDP的比重(%)	Z2.2 第三产业增加值占GDP的比重(%)	Z3 市场需求竞争力 Z3.1 消费规模(亿元)	Z3.2 消费占GDP的比重(%)	Z4 公共财政竞争力 Z4.1 地方公共财政收入(亿元)	Z4.2 人均地方公共财政收入(元)	Z4.3 地方公共财政收入占GDP的比重(%)	Z5 金融资源竞争力 Z5.1 居民储蓄额(亿元)	Z5.2 人均居民储蓄额(万元)	Z6 居民收入竞争力 Z6.1 城镇居民人均可支配收入(元)	Z6.2 农村居民人均可支配收入(元)	Z7 基础教育竞争力 Z7.1 小学在校生占常住人口的比重(%)	Z7.2 中学在校生占常住人口的比重(%)	Z8 卫生福利竞争力 Z8.1 千人医院床位数(张)	Z8.2 千人福利床位数(张)	Z8.3 城市低保标准占比(%)	Z8.4 农村低保标准占比(%)	Z9 生态环境竞争力 Z9.1 建成区绿化覆盖率(%)	Z9.2 森林覆盖率(%)
汝州市	485.5	4.98	3.2	8.2	49.7	255.6	52.6	35.3	3619	7.3	265.6	2.73	31428	19648	12.9	7.7	5.6	1.6	22.1	22.8	43.7	36.7
林州市	559.9	5.89	4.6	2.7	45.8	154.5	27.6	33.3	3507	6.0	477.7	5.03	33570	22680	11.5	7.5	5.7	1.7	20.7	19.7	38.6	47.0
长垣市	490.2	5.41	4.9	10.6	36.0	180.9	36.9	34.1	3764	7.0	402.4	4.44	30611	23188	12.7	8.9	5.6	5.3	22.7	19.3	41.2	26.7
辉县市	347.1	4.10	4.7	11.7	41.7	92.8	26.7	23.6	2791	6.8	308.1	3.64	33908	18679	12.9	8.6	4.4	2.6	20.5	23.9	35.7	27.4
武陟县	400.0	6.05	−13.7	10.1	37.1	118.8	29.7	15.9	2404	4.0	178.7	2.70	33637	20475	8.9	5.2	5.3	1.9	20.6	21.8	38.6	23.9
沁阳市	350.0	7.82	−21.8	6.1	47.1	112.1	32.0	18.2	4069	5.2	157.7	3.52	33780	21530	8.1	6.9	3.4	3.6	20.5	20.8	36.4	23.0
孟州市	298.5	8.94	−20.0	7.8	31.7	88.0	29.5	16.4	4907	5.5	122.8	3.68	34046	21574	5.7	3.5	5.7	3.4	20.4	20.7	38.6	32.4
襄城县	463.9	6.87	2.7	9.2	48.7	107.3	23.1	21.5	3186	4.6	241.7	3.58	30922	18558	10.6	8.1	3.9	2.0	22.4	24.1	38.7	25.0
禹州市	849.0	7.66	3.1	4.1	40.6	309.7	36.5	24.1	2168	2.8	362.0	3.26	35330	20422	9.2	6.1	4.5	3.4	19.6	21.9	41.0	23.2
长葛市	781.5	11.01	3.5	4.0	25.3	201.0	25.7	33.5	4712	4.3	264.8	3.73	33185	20118	9.6	4.5	3.2	6.8	20.9	22.2	42.5	46.8

续表

县(市)	Z1.1 GDP规模(亿元)	Z1.2 人均GDP(万元)	Z1.3 GDP增长率(%)	Z2.1 第一产业增加值占GDP的比重(%)	Z2.2 第三产业增加值占GDP的比重(%)	Z3.1 消费规模(亿元)	Z3.2 消费占GDP的比重(%)	Z4.1 地方公共财政收入(亿元)	Z4.2 人均地方公共财政收入(元)	Z4.3 地方公共财政收入占GDP的比重(%)	Z5.1 居民储蓄额(亿元)	Z5.2 人均居民储蓄额(万元)	Z6.1 城镇居民人均可支配收入(元)	Z6.2 农村居民人均可支配收入(元)	Z7.1 小学在校生占常住人口的比重(%)	Z7.2 中学在校生占常住人口的比重(%)	Z8.1 千人医院床位数(张)	Z8.2 城市福利低保标准占比(%)	Z8.3 城市低保标准占比(%)	Z8.4 农村低保标准占比(%)	Z9.1 建成区绿化覆盖率(%)	Z9.2 森林覆盖率(%)
临颍县	370.0	6.23	3.0	11.0	39.8	107.6	29.1	16.7	2813	4.5	166.2	2.80	29599	18108	9.1	6.9	5.7	5.1	23.4	24.7	37.0	19.0
浦池县	218.0	7.03	3.2	9.9	39.3	57.6	26.4	27.0	8709	12.4	122.7	3.96	34744	18856	8.8	6.4	6.1	8.6	20.0	23.7	39.4	30.4
灵宝市	428.7	6.53	3.2	14.3	35.8	165.7	38.7	25.5	3884	5.9	268.6	4.09	33229	19302	6.4	4.0	3.9	5.4	20.9	23.2	38.5	46.9
邓州市	429.6	3.44	-0.9	21.8	49.8	194.7	45.3	18.8	1507	4.4	346.2	2.77	31816	17656	12.7	6.2	6.0	3.2	21.8	25.3	40.5	39.5
民权县	275.5	3.69	-15.6	15.4	46.4	91.7	33.3	11.3	1514	4.1	190.9	2.56	30009	13017	11.6	5.8	6.2	1.7	23.1	34.3	38.9	35.0
永城市	637.0	5.07	4.3	13.0	44.1	221.4	34.8	47.7	3797	7.5	429.4	3.42	35088	16912	12.5	6.3	5.3	4.2	19.8	26.4	43.0	25.9
鹿邑县	420.8	4.39	2.9	17.1	43.1	234.5	55.7	15.9	1662	3.8	268.6	2.80	29760	15234	10.9	7.7	6.3	3.9	23.3	29.3	41.6	26.0
济源市	703.2	9.67	3.4	4.2	35.8	185.7	26.4	58.4	8030	8.3	335.4	4.61	36795	21450	7.8	5.5	4.3	3.2	18.9	20.8	42.0	45.3
阳新县	249.7	2.77	-7.9	23.6	48.5	110.6	44.3	14.9	1654	6.0	230.9	2.56	29205	13397	12.3	6.4	4.8	2.6	27.0	43.9	42.3	40.1
大冶市	647.2	7.43	-4.2	8.0	33.5	263.9	40.8	27.0	3103	4.2	286.5	3.29	41829	21553	7.8	5.1	3.4	6.1	18.9	27.3	38.2	35.3

174　国家智库报告

中国县域经济发展报告(2021) 175

续表

县(市)	Z1 经济规模竞争力 Z1.1 GDP规模(亿元)	Z1.2 人均GDP(万元)	Z1.3 GDP增长率(%)	Z2 经济结构竞争力 Z2.1 第一产业增加值占GDP的比重(%)	Z2.2 第三产业增加值占GDP的比重(%)	Z3 市场需求竞争力 Z3.1 消费规模(亿元)	Z3.2 消费占GDP的比重(%)	Z4 公共财政竞争力 Z4.1 地方公共财政收入(亿元)	Z4.2 人均地方公共财政收入(元)	Z4.3 地方公共财政收入占GDP的比重(%)	Z5 金融资源竞争力 Z5.1 居民储蓄额(亿元)	Z5.2 人均居民储蓄额(万元)	Z6 居民收入竞争力 Z6.1 城镇居民人均可支配收入(元)	Z6.2 农村居民人均可支配收入(元)	Z7 基础教育竞争力 Z7.1 小学在校生占常住人口的比重(%)	Z7.2 中学在校生占常住人口的比重(%)	Z8 卫生福利竞争力 Z8.1 千人医院床位数(张)	Z8.2 千人福利床位数(张)	Z8.3 城市低保标准占比(%)	Z8.4 农村低保标准占比(%)	Z9 生态环境竞争力 Z9.1 建成区绿化覆盖率(%)	Z9.2 森林覆盖率(%)
丹江口市	270.1	6.59	-7.3	12.4	48.6	85.7	31.7	9.1	2220	3.4	219.9	5.37	31221	13078	7.8	3.8	8.4	7.3	25.3	45.0	41.0	65.7
宜都市	643.0	17.50	-6.3	8.3	42.1	127.9	19.9	14.7	3996	2.3	206.0	5.61	39923	23276	4.2	2.7	6.7	6.0	25.3	25.3	40.9	63.8
当阳市	493.4	11.46	-5.6	18.6	43.7	144.3	29.3	8.2	1914	1.7	240.9	5.60	37151	23224	3.8	2.9	4.9	6.1	21.2	25.3	36.1	38.4
枝江市	564.0	12.61	-3.9	16.3	41.5	157.4	27.9	9.8	2191	1.7	247.2	5.53	36064	23544	3.3	2.4	5.9	4.2	21.9	25.0	40.4	24.0
南漳县	293.4	6.44	-3.3	19.2	47.7	119.2	40.6	7.2	1580	2.5	193.2	4.24	34874	17360	5.4	3.4	5.4	7.2	22.6	33.9	32.8	70.7
谷城县	385.9	7.98	-6.5	12.2	35.7	131.6	34.1	8.3	1709	2.1	247.2	5.12	36409	17850	6.5	4.7	7.5	4.3	21.7	33.7	37.0	71.3
老河口市	342.4	8.14	-14.9	16.7	45.4	134.0	39.1	9.0	2128	2.6	192.9	4.59	38075	19895	7.1	4.6	7.6	1.9	20.7	29.6	39.8	22.4
枣阳市	655.0	7.37	-3.0	15.1	43.1	220.6	33.7	16.1	1811	2.5	375.6	4.23	39006	20205	7.0	4.6	6.0	7.2	20.2	29.1	38.0	22.4

续表

县(市)	Z1.1 GDP规模(亿元)	Z1.2 人均GDP(万元)	Z1.3 GDP增长率(%)	Z2.1 第一产业增加值占GDP的比重(%)	Z2.2 第三产业增加值占GDP的比重(%)	Z3.1 消费规模(亿元)	Z3.2 消费占GDP的比重(%)	Z4.1 地方公共财政收入(亿元)	Z4.2 人均地方公共财政收入(元)	Z4.3 地方公共财政收入占GDP的比重(%)	Z5.1 居民储蓄额(亿元)	Z5.2 人均居民储蓄额(万元)	Z6.1 城镇居民人均可支配收入(元)	Z6.2 农村居民人均可支配收入(元)	Z7.1 小学在校生占常住人口的比重(%)	Z7.2 中学在校生占常住人口的比重(%)	Z8.1 千人医院床位数(张)	Z8.2 千人福利床位数(张)	Z8.3 城市低保标准占比(%)	Z8.4 农村低保标准占比(%)	Z9.1 建成区绿化覆盖率(%)	Z9.2 森林覆盖率(%)
宜城市	355.8	7.58	-5.2	17.8	39.3	119.6	33.6	8.6	1834	2.4	214.4	4.57	35184	19711	5.8	4.0	6.3	2.9	22.4	29.9	37.9	35.0
沙洋县	316.8	8.01	-4.4	22.0	40.0	106.5	33.6	6.3	1600	2.0	199.5	5.04	34584	20123	3.2	2.2	3.4	3.3	22.8	29.2	39.0	18.6
钟祥市	511.0	5.88	-10.0	15.3	37.5	206.1	40.3	13.8	1587	2.7	461.8	5.32	34481	20238	4.8	3.5	5.5	3.6	22.9	29.1	36.6	27.2
京山市	379.6	7.70	-4.7	15.6	37.2	140.5	37.0	12.1	2453	3.2	285.0	5.78	34808	19952	4.6	3.0	6.2	6.5	22.7	29.5	42.3	45.2
云梦县	199.6	4.60	-8.2	21.7	42.9	117.5	58.9	9.5	2188	4.8	191.2	4.40	36175	20044	5.5	3.9	4.6	3.2	21.8	29.4	36.2	12.1
应城市	380.5	7.98	-1.6	15.2	42.2	154.0	40.5	11.1	2337	2.9	234.0	4.91	36723	20416	4.2	2.9	5.5	7.4	21.5	28.8	39.9	18.2
汉川市	645.7	7.15	-3.1	11.8	36.4	218.5	33.8	20.7	2289	3.2	314.5	3.48	36180	19829	6.0	3.5	4.8	3.5	21.8	29.7	35.2	5.0
松滋市	330.5	5.05	-3.9	14.2	44.1	141.6	42.8	12.7	1940	3.8	319.8	4.88	32972	19006	4.3	3.2	4.4	8.4	23.9	31.0	42.8	30.2
麻城市	340.4	3.81	-7.9	19.5	42.2	152.1	44.7	15.6	1750	4.6	358.6	4.01	31868	14276	7.0	4.9	5.1	4.2	24.8	41.2	37.2	54.9
武穴市	310.6	4.59	-4.3	18.8	41.0	148.8	47.9	14.0	2070	4.5	287.4	4.25	33563	17100	10.5	6.2	6.8	4.6	23.5	34.4	34.3	21.1

续表

县(市)	Z1.1 GDP规模(亿元)	Z1.2 人均GDP(万元)	Z1.3 GDP增长率(%)	Z2.1 第一产业增加值占GDP的比重(%)	Z2.2 第三产业增加值占GDP的比重(%)	Z3.1 消费规模(亿元)	Z3.2 消费占GDP的比重(%)	Z4.1 地方公共财政收入(亿元)	Z4.2 人均地方公共财政收入(元)	Z4.3 地方公共财政收入占GDP的比重(%)	Z5.1 居民储蓄额(亿元)	Z5.2 人均居民储蓄额(万元)	Z6.1 城镇居民人均可支配收入(元)	Z6.2 农村居民人均可支配收入(元)	Z7.1 小学在校生占常住人口的比重(%)	Z7.2 中学在校生占常住人口的比重(%)	Z8.1 千人医院床位数(张)	Z8.2 千人福利床位数(张)	Z8.3 城市低保标准占比(%)	Z8.4 农村低保标准占比(%)	Z9.1 建成区绿化覆盖率(%)	Z9.2 森林覆盖率(%)
赤壁市	443.4	9.43	-4.6	11.9	46.2	145.3	32.8	14.5	3083	3.3	187.0	3.98	33586	18347	7.7	4.8	5.5	6.3	23.5	32.1	40.0	51.7
广水市	337.3	4.75	-4.7	18.2	36.7	133.3	39.5	11.0	1549	3.3	331.6	4.67	30475	17439	6.5	4.3	5.1	5.3	25.9	33.7	37.7	41.7
恩施市	357.0	4.27	-4.1	9.6	54.4	163.8	45.9	16.2	1934	4.5	261.1	3.12	33696	12327	6.8	6.2	10.5	4.1	23.4	47.7	43.3	66.0
仙桃市	827.9	7.30	-4.3	11.7	45.1	381.9	46.1	32.0	2818	3.9	535.9	4.72	35750	20647	7.8	5.1	5.5	4.3	22.1	28.5	40.6	15.0
潜江市	765.2	8.63	-4.6	10.9	41.0	248.9	32.5	21.3	2405	2.8	479.0	5.40	33623	18948	5.5	4.0	5.1	3.0	23.5	31.1	40.5	19.6
天门市	617.5	5.33	-5.6	14.6	41.1	289.8	46.9	14.2	1228	2.3	566.1	4.89	31308	18356	6.1	4.8	5.7	6.6	25.2	32.1	36.6	9.0
长沙县	1808.3	13.25	4.3	4.8	42.9	603.3	33.4	109.8	8049	6.1	623.2	4.57	53281	37177	8.4	4.3	5.2	4.9	12.4	13.1	40.8	55.0
浏阳市	1493.0	10.44	4.7	8.6	40.2	382.4	25.6	93.4	6537	6.3	554.8	3.88	52811	37154	7.9	5.4	7.2	3.4	12.5	13.3	41.0	66.2
宁乡市	1110.0	8.79	4.5	10.4	46.9	427.0	38.5	61.2	4844	5.5	481.5	3.81	49480	31540	6.1	4.7	6.1	4.0	13.3	15.4	43.8	48.8
攸县	420.6	6.67	3.2	17.4	48.2	148.6	35.3	20.2	3206	4.8	245.8	3.90	43762	30277	7.7	5.5	6.7	3.5	15.1	16.0	39.7	57.9

续表

县(市)	Z1.1 GDP规模(亿元)	Z1.2 人均GDP(万元)	Z1.3 GDP增长率(%)	Z2.1 第一产业增加值占GDP的比重(%)	Z2.2 第三产业增加值占GDP的比重(%)	Z3.1 消费规模(亿元)	Z3.2 消费占GDP的比重(%)	Z4.1 地方公共财政收入(亿元)	Z4.2 人均地方公共财政收入(元)	Z4.3 地方公共财政收入占GDP的比重(%)	Z5.1 居民储蓄额(亿元)	Z5.2 人均居民储蓄额(万元)	Z6.1 城镇居民人均可支配收入(元)	Z6.2 农村居民人均可支配收入(元)	Z7.1 小学在校生占常住人口的比重(%)	Z7.2 中学在校生占常住人口的比重(%)	Z8.1 千人医院床位数(张)	Z8.2 千人福利床位数(张)	Z8.3 城市低保标准占比(%)	Z8.4 农村低保标准占比(%)	Z9.1 建成区绿化覆盖率(%)	Z9.2 生态森林覆盖率(%)
醴陵市	737.6	8.33	3.9	9.7	38.3	249.8	33.9	30.1	3394	4.1	303.8	3.43	44981	30777	7.1	4.1	6.5	4.6	14.7	15.8	40.4	56.0
湘潭县	501.0	6.32	3.7	13.7	32.6	108.4	21.6	16.5	2083	3.3	360.8	4.55	39436	21541	5.5	5.3	4.4	2.6	16.7	22.5	35.1	48.6
湘乡市	500.2	6.85	4.1	13.5	37.0	130.6	26.1	14.4	1976	2.9	305.5	4.18	39897	21111	5.7	4.5	6.0	7.1	16.5	23.0	36.6	47.7
衡南县	356.0	4.47	4.0	19.9	45.6	114.1	32.0	11.5	1440	3.2	255.2	3.21	37205	24051	6.9	6.6	5.4	2.8	17.7	20.2	41.3	43.2
衡东县	290.8	5.14	4.2	18.0	48.0	110.6	38.0	13.0	2296	4.5	205.0	3.63	37369	22920	8.8	5.5	5.9	2.3	17.7	21.2	43.5	53.6
祁东县	308.7	4.03	4.3	20.0	50.0	133.7	43.3	9.5	1240	3.1	294.0	3.83	30157	16827	6.9	5.9	4.9	4.2	21.9	28.8	40.3	44.4
耒阳市	383.4	3.36	4.2	17.2	54.9	164.6	42.9	15.4	1350	4.0	259.4	2.27	39091	23688	10.9	7.5	5.1	1.3	16.9	20.5	43.7	48.4
常宁市	350.9	4.44	4.5	16.6	51.8	117.5	33.5	10.7	1347	3.0	185.3	2.34	36778	20022	8.7	6.7	6.0	2.6	17.9	24.2	39.8	55.1
邵东市	616.7	5.94	4.3	9.4	55.3	269.7	43.7	17.8	1713	2.9	389.3	3.75	37814	25233	9.6	8.2	5.7	3.8	17.4	19.2	41.0	40.2
平江县	330.8	3.48	5.0	18.1	46.0	142.4	43.0	12.4	1300	3.7	220.4	2.32	26641	11321	7.9	5.6	4.7	2.4	24.8	42.9	48.0	63.2

中国县域经济发展报告(2021) 179

续表

县(市)	Z1.1 GDP规模(亿元)	Z1.2 人均GDP(万元)	Z1.3 GDP增长率(%)	Z2.1 第一产业增加值占GDP的比重(%)	Z2.2 第三产业增加值占GDP比重(%)	Z3.1 消费规模(亿元)	Z3.2 消费占GDP的比重(%)	Z4.1 地方公共财政收入(亿元)	Z4.2 人均地方公共财政收入(元)	Z4.3 地方公共财政收入占GDP的比重(%)	Z5.1 居民储蓄额(亿元)	Z5.2 人均居民储蓄额(万元)	Z6.1 城镇居民人均可支配收入(元)	Z6.2 农村居民人均可支配收入(元)	Z7.1 小学在校生占常住人口的比重(%)	Z7.2 中学在校生占常住人口的比重(%)	Z8.1 千人医院床位数(张)	Z8.2 千人福利床位数(张)	Z8.3 城市低保标准占比(%)	Z8.4 农村低保标准占比(%)	Z9.1 建成区绿化覆盖率(%)	Z9.2 森林覆盖率(%)
汨罗市	426.7	6.75	5.6	11.0	46.0	122.3	28.7	11.1	1753	2.6	168.5	2.67	36206	20908	6.6	4.5	5.1	0.8	18.2	23.2	38.5	47.0
桃源县	429.8	5.31	4.1	22.6	46.0	172.3	40.1	14.4	1785	3.4	308.6	3.81	33999	17671	6.1	4.3	6.0	5.0	19.4	27.5	41.0	65.5
桂阳县	376.9	5.31	4.2	15.5	47.2	131.7	35.0	17.0	2391	4.5	197.0	2.78	39221	22599	9.5	7.1	5.6	8.0	16.8	21.5	42.2	61.2
宜章县	220.2	3.88	3.9	12.9	53.1	80.4	36.5	13.4	2359	6.1	156.5	2.76	33983	11411	10.3	7.4	5.8	4.8	19.4	42.5	38.5	63.5
永兴县	314.9	5.85	2.8	11.1	52.0	107.3	34.1	21.6	4011	6.9	146.4	2.72	36733	20786	9.7	7.1	5.8	2.7	18.0	23.4	38.9	68.0
资兴市	326.8	10.12	3.7	10.7	36.0	56.3	17.2	24.5	7579	7.5	159.8	4.95	39029	23164	7.0	4.6	6.1	4.7	16.9	21.0	44.6	76.2
冷水江市	238.3	7.22	3.8	5.1	50.2	72.3	30.3	8.7	2627	3.6	169.4	5.13	39376	23114	10.2	6.9	7.1	1.3	16.8	21.8	37.1	41.3
涟源市	302.9	3.51	4.3	16.7	49.0	141.6	46.7	7.9	913	2.6	226.6	2.63	25735	12285	6.2	4.6	5.5	5.4	25.6	39.5	38.7	43.7
台山市	457.6	5.04	2.5	22.5	39.4	203.2	44.4	32.6	3588	7.1	492.4	5.42	30317	19981	5.6	3.9	4.4	3.0	34.2	41.2	43.6	44.7

续表

县(市)	Z1 经济规模竞争力 Z1.1 GDP规模(亿元)	Z1.2 人均GDP(万元)	Z1.3 GDP增长率(%)	Z2 经济结构竞争力 Z2.1 第一产业增加值占GDP的比重(%)	Z2.2 第三产业增加值占GDP的比重(%)	Z3 市场需求竞争力 Z3.1 消费规模(亿元)	Z3.2 消费占GDP的比重(%)	Z4 公共财政竞争力 Z4.1 地方公共财政收入(亿元)	Z4.2 人均地方公共财政收入(元)	Z4.3 地方公共财政收入占GDP的比重(%)	Z5 金融资额竞争力 Z5.1 居民储蓄额(亿元)	Z5.2 人均居民储蓄额(万元)	Z6 居民收入竞争力 Z6.1 城镇居民人均可支配收入(元)	Z6.2 农村居民人均可支配收入(元)	Z7 基础教育竞争力 Z7.1 小学在校生占常住人口的比重(%)	Z7.2 中学在校生占常住人口的比重(%)	Z8 卫生福利竞争力 Z8.1 千人医院床位数(张)	Z8.2 千人福利床位数(张)	Z8.3 城市低保标准占比(%)	Z8.4 农村低保标准占比(%)	Z9 生态环境竞争力 Z9.1 建成区绿化覆盖率(%)	Z9.2 森林覆盖率(%)
开平市	391.2	5.22	1.8	12.2	45.1	165.8	42.4	29.0	3870	7.4	471.0	6.29	31540	20746	7.7	5.5	4.0	2.8	32.8	39.7	37.7	46.3
鹤山市	374.8	7.06	3.2	8.3	44.9	141.9	37.9	33.8	6369	9.0	249.0	4.69	36196	20419	7.8	4.7	3.9	1.8	28.6	40.3	37.1	52.4
廉江市	483.5	3.55	0.2	28.4	39.2	279.5	57.8	15.1	1107	3.1	344.9	2.53	28408	20308	9.8	5.2	3.7	2.9	36.5	40.6	31.2	59.1
高州市	633.6	4.77	0.5	26.9	50.3	224.4	35.4	18.0	1356	2.8	455.0	3.42	29643	19702	9.9	7.2	5.7	1.5	35.0	41.8	38.6	68.5
化州市	560.2	4.34	1.6	25.3	51.5	193.1	34.5	13.3	1030	2.4	328.6	2.54	28906	19820	12.2	7.7	4.6	4.2	35.8	41.6	38.0	47.4
信宜市	488.1	4.81	0.9	29.3	53.6	204.0	41.8	11.4	1122	2.3	323.1	3.18	28450	19580	11.8	7.8	5.5	2.8	36.4	42.1	43.0	69.5
四会市	407.6	7.74	3.8	17.9	44.9	244.7	60.0	17.8	3387	4.4	304.5	5.78	38448	26953	12.0	5.7	4.2	1.6	26.9	30.6	40.0	55.5
博罗县	619.0	5.11	2.2	11.2	38.8	285.2	46.1	50.4	4161	8.1	458.2	3.78	37668	24244	10.5	5.8	3.2	1.2	27.5	34.0	42.3	55.5
惠东县	607.6	5.97	1.5	10.2	55.0	363.3	59.8	34.6	3401	5.7	335.1	3.29	32303	24357	11.9	5.4	3.6	1.4	32.1	33.8	38.4	72.3
海丰县	349.8	4.75	5.1	11.0	44.0	144.0	41.2	10.6	1439	3.0	188.6	2.56	33807	19258	11.2	2.2	5.1	0.5	30.6	42.8	38.6	49.2

续表

县(市)	Z1.1 GDP规模(亿元)	Z1.2 人均GDP(万元)	Z1.3 GDP增长率(%)	Z2.1 第一产业增加值占GDP的比重(%)	Z2.2 第三产业增加值占GDP的比重(%)	Z3.1 消费规模(亿元)	Z3.2 消费占GDP的比重(%)	Z4.1 地方公共财政收入(亿元)	Z4.2 人均地方公共财政收入(元)	Z4.3 地方公共财政收入占GDP的比重(%)	Z5.1 居民储蓄额(亿元)	Z5.2 人均居民储蓄额(万元)	Z6.1 城镇居民人均可支配收入(元)	Z6.2 农村居民人均可支配收入(元)	Z7.1 小学在校生占常住人口的比重(%)	Z7.2 中学在校生占常住人口的比重(%)	Z8.1 千人医院床位数(张)	Z8.2 千人福利床位数(张)	Z8.3 城市低保标准占比(%)	Z8.4 农村低保标准占比(%)	Z9.1 建成区绿化覆盖率(%)	Z9.2 森林覆盖率(%)
阳春市	329.2	3.76	0.5	23.9	51.3	135.9	41.3	14.3	1633	4.3	277.9	3.17	30587	18200	10.4	5.7	6.0	1.8	33.9	45.3	37.4	68.2
英德市	348.4	3.70	5.2	21.1	42.5	88.7	25.5	22.2	2358	6.4	316.2	3.36	30675	18399	9.6	5.1	4.7	1.1	33.8	44.8	36.5	68.8
普宁市	613.6	3.07	0.1	7.1	59.7	307.7	50.1	21.0	1050	3.4	631.3	3.16	28247	18419	10.1	7.0	3.6	1.9	36.7	44.7	33.2	61.8
新兴县	270.6	6.28	6.5	27.2	41.3	52.0	19.2	18.5	4299	6.8	208.4	4.84	29986	19846	8.6	5.1	4.0	1.3	34.6	41.5	35.0	66.4
宾阳县	280.0	3.49	3.4	21.8	48.5	100.0	35.7	9.8	1226	3.5	200.1	2.50	36255	16321	9.0	6.2	5.1	1.2	24.1	31.2	26.5	48.8
横县	320.4	3.58	-5.1	26.9	41.9	114.2	35.6	9.5	1059	3.0	248.0	2.77	36684	16253	10.3	6.5	4.8	0.0	23.9	31.3	38.2	48.6
藤县	226.6	2.85	7.2	29.1	44.6	107.2	47.3	10.3	1299	4.6	191.7	2.41	31758	14613	10.4	7.1	3.7	1.4	27.6	34.8	38.7	79.4
岑溪市	205.2	2.83	7.4	22.9	43.3	99.8	48.6	8.6	1193	4.2	189.8	2.62	36043	17323	11.6	7.3	4.7	0.4	24.3	29.4	37.3	77.6
平南县	289.5	2.62	6.3	22.6	48.7	63.6	22.0	13.1	1184	4.5	268.6	2.43	34046	16248	10.6	7.3	4.3	4.1	25.7	31.5	37.9	53.3
桂平市	362.5	2.40	4.8	21.7	49.2	110.0	30.3	12.3	813	3.4	364.5	2.41	33400	16949	10.6	7.6	3.7	2.8	26.2	30.0	38.2	47.8

续表

县(市)	Z1.1 GDP规模(亿元)	Z1.2 人均GDP(万元)	Z1.3 GDP增长率(%)	Z2.1 第一产业增加值占GDP的比重(%)	Z2.2 第三产业增加值占GDP的比重(%)	Z3.1 消费规模(亿元)	Z3.2 消费占GDP的比重(%)	Z4.1 地方公共财政收入(亿元)	Z4.2 人均地方公共财政收入(元)	Z4.3 地方公共财政收入占GDP的比重(%)	Z5.1 居民储蓄额(亿元)	Z5.2 人均居民储蓄额(万元)	Z6.1 城镇居民人均可支配收入(元)	Z6.2 农村居民人均可支配收入(元)	Z7.1 小学在校生占常住人口的比重(%)	Z7.2 中学在校生占常住人口的比重(%)	Z8.1 千人医院床位数(张)	Z8.2 千人福利床位数(张)	Z8.3 城市低保标准占比(%)	Z8.4 农村低保标准占比(%)	Z9.1 建成区绿化覆盖率(%)	Z9.2 森林覆盖率(%)
陆川县	208.3	2.59	2.7	21.0	54.0	78.8	37.8	9.8	1217	4.7	183.7	2.28	33857	16689	12.2	7.9	4.2	0.1	25.9	30.5	38.0	58.9
博白县	291.2	2.09	2.2	33.5	46.3	135.0	46.4	15.9	1144	5.5	281.0	2.02	31540	16868	12.3	7.4	3.7	4.2	27.8	30.2	39.0	64.0
北流市	319.6	2.64	2.8	19.2	53.3	83.1	26.0	19.2	1584	6.0	317.1	2.62	39657	19001	10.2	6.6	4.0	0.6	22.1	26.8	41.6	66.4
平果市	183.8	4.03	8.0	11.8	40.8	43.1	23.5	18.3	4023	10.0	114.1	2.50	37405	15011	9.0	7.4	5.3	5.6	23.4	33.3	38.9	67.5
琼海市	292.1	5.53	3.0	32.4	53.8	108.0	37.0	16.1	3042	5.5	260.6	4.93	36711	17905	8.6	6.3	5.7	1.5	18.4	29.2	38.2	66.6
垫江县	444.8	6.84	4.0	13.4	42.5	212.1	47.7	17.4	2674	3.9	304.2	4.68	39533	18370	6.7	7.6	7.1	3.1	18.2	31.1	47.0	42.0
云阳县	462.6	4.98	2.6	14.2	46.8	299.0	64.6	16.8	1813	3.6	371.3	4.00	32174	14375	7.0	6.6	5.6	6.0	21.9	34.3	47.3	58.0
金堂县	468.9	5.86	5.8	14.1	47.2	120.4	25.7	38.6	4823	8.2	327.8	4.10	41367	23153	6.3	5.1	9.4	6.1	17.0	21.3	43.0	38.2
都江堰市	441.7	6.22	4.1	8.3	58.6	150.9	34.2	36.2	5100	8.2	465.4	6.55	39794	25980	5.2	3.5	11.0	3.9	17.7	19.0	44.2	60.3

续表

县(市)	Z1.1 GDP规模(亿元)	Z1.2 人均GDP(万元)	Z1.3 GDP增长率(%)	Z2.1 第一产业增加值占GDP的比重(%)	Z2.2 第三产业增加值占GDP的比重(%)	Z3.1 消费规模(亿元)	Z3.2 消费占GDP的比重(%)	Z4.1 地方公共财政收入(亿元)	Z4.2 人均地方公共财政收入(元)	Z4.3 地方公共财政收入占GDP的比重(%)	Z5.1 居民储蓄额(亿元)	Z5.2 人均居民储蓄额(万元)	Z6.1 城镇居民人均可支配收入(元)	Z6.2 农村居民人均可支配收入(元)	Z7.1 小学在校生占常住人口的比重(%)	Z7.2 中学在校生占常住人口的比重(%)	Z8.1 千人医院床位数(张)	Z8.2 千人福利床位数(张)	Z8.3 城市低保标准占比(%)	Z8.4 农村低保标准占比(%)	Z9.1 建成区绿化覆盖率(%)	Z9.2 森林覆盖率(%)
彭州市	507.4	6.50	-4.1	13.2	35.5	107.9	21.3	35.9	4600	7.1	465.6	5.97	39613	25520	5.2	3.1	8.1	5.6	17.8	19.3	36.3	42.4
崇州市	405.9	5.52	5.8	12.4	40.6	113.5	28.0	28.3	3847	7.0	416.5	5.66	41473	25747	4.8	3.2	9.5	7.5	17.0	19.1	45.0	42.1
简阳市	551.9	7.48	1.9	17.9	58.6	358.1	64.9	33.8	4578	6.1	635.7	8.61	39752	19643	9.1	7.5	9.8	5.2	17.7	25.1	43.5	36.0
泸县	393.9	5.15	4.5	16.4	30.5	134.0	34.0	16.6	2172	4.2	328.3	4.29	38958	19885	6.7	8.5	5.1	5.8	18.1	24.8	43.2	41.6
广汉市	429.0	6.85	0.1	9.0	40.4	193.1	45.0	21.4	3418	5.0	399.7	6.38	40993	22025	4.5	2.9	7.3	3.2	17.2	22.4	44.1	6.0
什邡市	372.7	9.16	3.9	9.7	40.5	104.6	28.1	21.9	5384	5.9	235.1	5.78	40363	21960	4.4	3.1	7.7	5.6	17.4	22.4	39.4	37.7
绵竹市	354.1	8.05	3.2	10.3	37.3	100.6	28.4	22.1	5023	6.2	222.7	5.06	40385	21905	4.3	2.7	9.6	3.3	17.4	22.5	42.3	51.0
江油市	477.7	6.53	4.1	12.8	45.7	191.7	40.1	23.0	3145	4.8	427.2	5.84	38267	20487	4.7	3.6	9.6	6.8	18.4	24.1	39.0	50.1
射洪市	414.1	5.65	3.8	17.5	32.2	155.3	37.5	15.1	2060	3.6	332.4	4.54	36675	18652	4.9	3.8	5.7	9.5	19.2	26.4	38.0	43.0
峨眉山市	351.9	8.40	4.2	9.7	56.7	132.6	37.7	20.4	4863	5.8	294.2	7.02	39809	20954	4.3	3.2	7.2	4.1	17.7	23.7	41.8	63.6

续表

县(市)	Z1.1 GDP规模(亿元)	Z1.2 人均GDP(万元)	Z1.3 GDP增长率(%)	Z2.1 第一产业增加值占GDP的比重(%)	Z2.2 第三产业增加值占GDP的比重(%)	Z3.1 消费规模(亿元)	Z3.2 消费占GDP的比重(%)	Z4.1 地方公共财政收入(亿元)	Z4.2 人均地方公共财政收入(元)	Z4.3 地方公共财政收入占GDP的比重(%)	Z5.1 居民储蓄额(亿元)	Z5.2 人均居民储蓄额(万元)	Z6.1 城镇居民人均可支配收入(元)	Z6.2 农村居民人均可支配收入(元)	Z7.1 小学在校生占常住人口的比重(%)	Z7.2 中学在校生占常住人口的比重(%)	Z8.1 千人医院床位数(张)	Z8.2 千人福利床位数(张)	Z8.3 城市低保标准占比(%)	Z8.4 农村低保标准占比(%)	Z9.1 建成区绿化覆盖率(%)	Z9.2 森林覆盖率(%)
仁寿县	457.4	4.12	4.4	20.9	43.6	187.1	40.9	36.9	3326	8.1	563.1	5.07	37757	17828	6.0	4.6	5.9	7.5	18.6	27.6	40.9	39.0
宣汉县	400.2	4.19	5.4	19.8	40.4	167.6	41.9	20.5	2151	5.1	350.0	3.67	34598	14963	8.9	6.7	5.5	5.0	20.3	32.9	39.5	62.1
大竹县	387.3	4.60	3.9	17.4	44.1	176.0	45.5	15.2	1809	3.9	383.9	4.56	37254	20153	7.0	6.4	6.5	3.0	18.9	24.5	43.8	41.6
安岳县	265.0	2.79	3.6	29.3	50.8	153.2	57.8	11.0	1159	4.2	399.3	4.20	37302	18953	7.0	6.7	6.7	4.4	18.9	26.0	43.6	43.4
西昌市	573.7	6.01	2.7	9.6	50.0	292.5	51.0	55.0	5763	9.6	345.2	3.61	42042	21346	10.6	6.8	7.8	0.2	16.7	23.1	36.8	48.7
会理县	175.9	4.50	6.7	31.9	40.1	76.8	43.7	9.4	2407	5.3	130.1	3.33	34994	20658	6.8	3.5	5.1	4.2	20.1	23.9	38.6	58.8
开阳县	237.0	6.89	7.2	17.0	46.0	83.3	35.1	9.0	2620	3.8	80.6	2.34	39511	17973	7.6	4.0	4.7	3.5	19.4	25.5	42.2	57.3
清镇市	280.9	4.47	5.8	11.9	49.1	61.6	21.9	18.6	2953	6.6	135.3	2.15	39307	18270	10.0	6.0	5.4	3.4	19.5	25.0	43.2	48.6
盘州市	571.7	5.32	6.0	12.4	36.9	119.6	20.9	44.0	4098	7.7	258.6	2.41	33312	12417	9.1	5.7	6.5	3.0	23.0	36.8	40.6	62.7
仁怀市	1364.1	20.82	4.1	2.6	28.1	112.6	8.3	73.8	11266	5.4	241.2	3.68	39730	14775	10.2	6.6	4.6	4.3	19.3	31.0	36.0	56.4

续表

县(市)	Z1 经济规模竞争力 Z1.1 GDP规模(亿元)	Z1.2 人均GDP(万元)	Z1.3 GDP增长率(%)	Z2 经济结构竞争力 Z2.1 第一产业增加值占GDP的比重(%)	Z2.2 第三产业增加值占GDP的比重(%)	Z3 市场需求竞争力 Z3.1 消费规模(亿元)	Z3.2 消费占GDP的比重(%)	Z4 公共财政竞争力 Z4.1 地方公共财政收入(亿元)	Z4.2 人均地方公共财政收入(元)	Z4.3 地方公共财政收入占GDP的比重(%)	Z5 金融资源竞争力 Z5.1 居民储蓄额(亿元)	Z5.2 人均居民储蓄额(万元)	Z6 居民收入竞争力 Z6.1 城镇居民人均可支配收入(元)	Z6.2 农村居民人均可支配收入(元)	Z7 基础教育竞争力 Z7.1 小学在校生占常住人口的比重(%)	Z7.2 中学在校生占常住人口的比重(%)	Z8 卫生福利竞争力 Z8.1 千人医院床位数(张)	Z8.2 千人福利床位数(张)	Z8.3 城市低保标准占比(%)	Z8.4 农村低保标准占比(%)	Z9 生态环境竞争力 Z9.1 建成区绿化覆盖率(%)	Z9.2 森林覆盖率(%)
金沙县	237.2	4.36	5.0	17.9	43.5	47.4	20.0	14.5	2663	6.1	118.3	2.17	36042	12374	10.5	7.5	5.3	1.9	21.2	37.0	24.0	61.9
兴义市	493.2	4.91	5.0	9.8	54.5	205.3	41.6	30.2	3004	6.1	321.6	3.20	37358	14533	12.3	12.0	6.6	0.8	20.5	31.5	38.0	42.7
凯里市	281.8	3.97	3.0	6.6	72.7	187.6	66.6	15.3	2160	5.4	253.6	3.58	36552	14184	11.5	9.7	13.0	1.3	20.9	32.3	38.0	56.4
安宁市	572.4	11.83	2.1	3.7	36.1	151.5	26.5	50.1	10356	8.8	239.1	4.94	48021	21410	6.1	4.7	11.3	3.1	15.9	21.1	42.0	51.5
宣威市	406.1	3.41	4.5	23.9	47.3	174.1	42.9	15.6	1310	3.8	281.1	2.36	39637	14442	8.3	7.6	5.1	1.2	19.3	31.3	36.1	53.5
楚雄市	485.1	7.68	4.5	8.3	41.5	182.5	37.6	26.2	4144	5.4	245.0	3.88	40313	13751	6.1	6.8	10.1	1.0	19.0	32.9	40.2	75.6
个旧市	339.1	8.09	6.6	6.5	42.5	113.4	33.4	13.4	3196	4.0	203.6	4.86	39307	18382	7.1	4.6	8.2	3.0	19.5	24.6	51.7	45.0
弥勒市	442.0	8.21	3.6	10.1	39.1	104.1	23.5	19.5	3615	4.4	151.7	2.82	39669	16061	7.3	5.5	6.5	0.8	19.3	28.1	45.9	23.0
文山市	324.5	5.20	3.0	8.4	49.3	200.0	61.6	23.2	3716	7.1	205.1	3.29	34324	13321	10.9	7.7	3.8	1.4	22.3	33.9	35.2	41.4
大理市	472.8	6.13	−4.0	5.5	64.4	275.4	58.2	37.5	4867	7.9	437.1	5.67	41147	18968	6.6	5.3	11.9	1.4	18.6	23.8	35.4	61.2

续表

县(市)	Z1.1 GDP规模(亿元)	Z1.2 人均GDP(万元)	Z1.3 GDP增长率(%)	Z2.1 第一产业增加值占GDP的比重(%)	Z2.2 第三产业增加值占GDP的比重(%)	Z3.1 消费规模(亿元)	Z3.2 消费占GDP的比重(%)	Z4.1 地方公共财政收入(亿元)	Z4.2 人均地方公共财政收入(元)	Z4.3 地方公共财政收入占GDP的比重(%)	Z5.1 居民储蓄额(亿元)	Z5.2 人均居民储蓄额(万元)	Z6.1 城镇居民人均可支配收入(元)	Z6.2 农村居民人均可支配收入(元)	Z7.1 小学在校生占常住人口的比重(%)	Z7.2 中学在校生占常住人口的比重(%)	Z8.1 千人医院床位数(张)	Z8.2 千人福利床位数(张)	Z8.3 城市低保标准占比(%)	Z8.4 农村低保占比(%)	Z9.1 建成区绿化覆盖率(%)	Z9.2 森林覆盖率(%)
彬州市	216.1	7.20	2.6	10.1	27.6	57.1	26.4	9.2	3074	4.3	136.2	4.54	37027	13394	8.8	3.5	6.7	1.6	20.0	36.1	39.2	39.9
韩城市	343.1	8.95	-2.5	8.0	23.6	59.0	17.2	23.4	6108	6.8	241.3	6.30	47579	17338	6.2	4.4	6.6	0.6	15.6	27.9	39.8	48.6
府谷县	582.8	22.82	2.3	1.8	26.2	54.4	9.3	30.1	11774	5.2	370.6	14.51	37729	16417	8.1	5.0	4.5	3.1	19.6	29.4	38.2	25.0
靖边县	363.3	9.34	1.0	9.5	31.2	78.6	21.6	14.5	3727	4.0	161.7	4.16	36669	16620	12.1	6.3	4.0	5.9	20.2	29.1	40.5	38.3
定边县	263.2	7.76	0.1	11.5	31.1	42.7	16.2	12.0	3549	4.6	138.9	4.10	32920	16369	8.5	4.9	4.8	1.4	22.5	29.5	22.7	29.4
神木市	1294.0	22.63	4.7	2.0	21.9	94.1	7.3	91.6	16021	7.1	690.4	12.07	38868	17235	10.0	4.9	7.4	6.9	19.1	28.0	39.9	42.0
玉门市	186.8	13.57	8.3	11.3	17.1	24.5	13.1	4.2	3062	2.3	59.9	4.35	36984	19930	5.8	4.3	6.7	5.2	18.5	22.3	37.4	7.2
格尔木市	305.9	13.79	-2.9	2.2	32.3	49.9	16.3	16.8	7586	5.5	126.5	5.70	36801	20543	9.0	5.7	7.5	0.6	20.7	22.5	22.3	3.4
灵武市	533.2	18.12	4.8	2.5	14.7	34.6	6.5	29.2	9918	5.5	130.4	4.43	35887	17312	7.5	5.2	4.5	5.1	20.1	26.5	40.2	20.7

续表

县(市)	Z1 经济规模竞争力 Z1.1 GDP规模(亿元)	Z1.2 人均GDP(万元)	Z1.3 GDP增长率(%)	Z2 经济结构竞争力 Z2.1 第一产业增加值占GDP的比重(%)	Z2.2 第三产业增加值占GDP的比重(%)	Z3 市场需求竞争力 Z3.1 消费规模(亿元)	Z3.2 消费占GDP的比重(%)	Z4 公共财政竞争力 Z4.1 地方公共财政收入(亿元)	Z4.2 人均地方公共财政收入(元)	Z4.3 地方公共财政收入占GDP的比重(%)	Z5 金融资源竞争力 Z5.1 居民储蓄额(亿元)	Z5.2 人均居民储蓄额(万元)	Z6 居民收入竞争力 Z6.1 城镇居民人均可支配收入(元)	Z6.2 农村居民人均可支配收入(元)	Z7 基础教育竞争力 Z7.1 小学在校生占常住人口的比重(%)	Z7.2 中学在校生占常住人口的比重(%)	Z8 卫生福利竞争力 Z8.1 千人医院床位数(张)	Z8.2 千人福利床位数(张)	Z8.3 城市低保标准占比(%)	Z8.4 农村低保标准占比(%)	Z9 生态环境竞争力 Z9.1 建成区绿化覆盖率(%)	Z9.2 森林覆盖率(%)
青铜峡市	131.5	5.38	2.0	18.8	33.1	23.8	18.1	7.4	3029	5.6	105.2	4.31	31201	16917	5.6	4.9	2.9	0.9	23.1	27.1	41.7	13.5
昌吉市	420.2	7.91	4.5	10.4	58.0	115.2	27.4	39.7	7467	9.4	354.6	6.68	34346	20900	7.0	6.4	4.2	1.7	17.3	21.8	40.0	19.9
库尔勒市	680.0	10.97	4.1	5.5	28.3	128.3	18.9	34.5	5565	5.1	523.4	8.44	34214	34214	8.3	4.8	7.0	3.1	17.4	13.3	40.2	18.0
石河子市	562.0	7.84	3.7	20.8	43.9	127.9	22.8	38.8	5407	6.9	331.7	4.63	40660	24500	3.3	4.1	7.7	4.5	14.6	18.6	43.0	35.0

参考文献

范毅、王笳旭、张晓旭：《推动县域经济高质量发展的思路与建议》，《宏观经济管理》2020年第9期。

国家统计局：《中国城市统计年鉴2021》，中国统计出版社2022年版。

国家统计局：《中国统计年鉴2021》，中国统计出版社2021年版。

国家统计局：《中国县域统计年鉴2021（县市卷）》，中国统计出版社2022年版。

韩轶：《高质量发展看双流》，《领导决策信息》2018年第45期。

林毅夫：《中国经济下滑主要不是因为体制》，《经济研究信息》2014年第1期。

刘世锦：《增长速度下台阶与发展方式转变》，《经济学动态》2011年第5期。

鲁燕汶、魏志芳：《龙口：打造美丽乡村让乡村更美丽更宜居》，《走向世界》2018年第22期。

陆旸、蔡昉：《从人口红利到改革红利：基于中国潜在增长率的模拟》，《世界经济》2016年第1期。

吕风勇：《着力提升县域经济竞争地位》，《经济日报》2022年7月21日。

王珂：《环境治理背景下产业转移与县域经济转型升级》，《经济与社会发展研究》2021年第22期。

王育民:《从钢铁之城到"北方水城、美丽迁安"》,《河北日报》2021年8月31日第10版。

民航局网站:《2020年民航机场生产统计公报》,http://www.gov.cn/xinwen/2021-04/14/content_ 5599463.htm。

吕风勇，国民经济学博士，就职于中国社会科学院财经战略研究院，主要研究领域为宏观经济理论与政策、城市与房地产经济，《中国县域经济发展报告》主编。参与国家社会科学基金、中国社会科学院等委托课题研究三十余项，主编《中国宏观经济运行报告（2013—2014）》，并作为核心成员参与中国社会科学院财经战略研究院发布的《全球城市竞争力报告》《中国城市竞争力报告》和《住房绿皮书：中国住房发展报告（2011—2012）》等年度报告的研究编著工作，出版专著《供给侧改革的逻辑与路径》《房地产与中国宏观经济：历史与未来》等，并在《人民日报》《经济日报》和《经济参考报》等报刊上发表了多篇具有重要影响的理论和学术文章。